KB063540

서균렬 교수의 인문핵

서균렬 교수의 인문핵

제1판 제1쇄 발행일 2024년 6월 25일

글_ 서균렬
기획_ 나네 NANE, 책도둑(박정훈, 박정식, 김민호)
디자인_ 정하연
펴낸이_ 김은지
펴낸곳_ 철수와영희
등록번호_ 제319-2005-42호
주소_ 서울시 마포구 월드컵로 65, 302호(망원동, 양경회관)
전화_ 02) 332-0815
팩스_ 02) 6003-1958
전자우편_ chulsu815@hanmail.net

ⓒ 서균렬, 나네 NANE 2024

* 이 책에 실린 내용 일부나 전부를 다른 곳에 쓰려면 반드시
  저작권자와 철수와영희 모두한테서 동의를 받아야 합니다.
* 잘못된 책은 출판사나 처음 산 곳에서 바꾸어 줍니다.

ISBN 979-11-7153-013-7 03300

철수와영희 출판사는 '어린이' 철수와 영희, '어른' 철수와 영희에게
도움 되는 책을 펴내기 위해 노력합니다.

서
균
렬

교
수
의

인문학으로 본 원자핵

인
문
핵

서
균
렬
지
음

철수와영희

..
으 니
니 와

리
니 에
게
..

불새

가랑비인지 이슬비인지

나더러 가라는 건지 있으라는 건지

다시 어디선가 만나자는 건지

라온 날들을 기다리자는 건지

마음속 젖은 짚단 태우는데

바람 타고 바다 위를

사다새가 날아간다

아스라이 보이는데

자꾸 말을 건넨다

차디찬 몸으로

카맣게 사그라지는 더미 속에

타 죽고 다시 살아난 불새처럼

파란 하늘에

하얀 줄 그리며 날아가자고

머
리
말

인문학으로 풀어본

원자핵

미국 보스턴의 한 경매업체가 폐허가 된 히로시마에서 발견된 손
목시계를 경매에 부쳤다. 시곗줄은 폭발 여파로 녹아 없어지고
누리끼리한 본체만 남아 있다. 금속 부분은 녹슬었고 유리 조각
은 깨져 있다.

방사선으로 흐릿해진 유리 너머 시곗바늘은 8시 15분을 가리
키고 있다. 이는 미국이 1945년 8월 6일 히로시마에 원자폭탄을
떨어뜨린 시각으로 인류 역사가 바뀐 순간에 멈춰 섰다. 그런가
하면 8월 15일은 민족 역사가 바뀐 시점이기도 하다.

이렇듯 8·15와 함께 원자핵은 과학의 밀실에서 대중의 세상
으로 민낯을 드러냈다. 그렇다면 핵이란 무엇이길래 이토록 우
리 삶에 큰 영향을 미치는 걸까? 이를 'ㅇ'과 'ㅁ'으로 풀어 헤치고
자 한다. '인문'의 'ㅇ'은 현미경 수정체에, 'ㅁ'은 망원경 전망대에

각각 비유할 수 있다. 이들은 극미세에서 초거대 세계까지 아우르는 거울로, 깊이 뒤지고 멀리 찾아야 온전히 세계 전부를 알 수 있다. 'ㅇ'은 양자역학으로 'ㅁ'은 상대성론으로 풀 수 있다.

상대성론은 행성의 움직임 같은 거시 세계의 운동을 설명하고, 양자역학은 원자, 핵자, 전자 등 미시 세계의 운동을 설명하는 이론이다. 원자핵으로 이루어진 삼라만상을 이해하는 데 없어선 안 될 쌍두마차라고나 할까.

상대성론은 우주의 시간과 공간이 함께 짜여진 시공간에 대한 섭리를 설명한다. 양자역학으로 관조하는 세계와도 대부분 맞지만, 어딘지 모르게 어긋나는 구석이 있다.

극미세 세상과 초거대 우주를 동시에 이해할 수 있는 통일 이론은 없을까? 색즉시공과 공즉시색을 설파한 동양 철학의 도움 없인 풀 수 없다. 서양의 과학과 동양의 철학이 해후하는 순간 핵이 보이고 우주가 나타난다.

예를 들어 우리 일상에서는 불이 켜져 있으면 꺼져 있을 수 없고, 꺼져 있으면 켜져 있을 수 없는 것처럼 보인다. 그런데 양자역학에 따르면, 불이 켜져 있으면서도 꺼져 있을 수 있다는 건데 이게 말이나 될까? 이를테면, 우리가 들여다보지 않으면 불이 각각 50%의 확률로 동시에 켜져 있으면서 꺼져 있다가, 우리가 들여다보는 순간 그로 말미암아 켜져 있거나 꺼져 있거나 둘 중 하나의 상태로 된다는 것이다.

그런가 하면 두 개의 불은 서로 얽혀 있다. 그중 하나를 보았더니 켜 있었다면 다른 하나는 그 순간 꺼져 있게 된다. 얽혀 있는 두 개의 불이 하나는 지구에 있고 나머지 하나는 외계에 있다고 생각해보자. 지구에 있는 불이 켜진 걸로 관측되는 찰나에 외계에 있는 불은 꺼진 걸로 결정되어 버린다.

이는 상대성론과 모순된다. 우주에 빛보다 빠른 것은 없다. 따라서 외계에 있는 불의 속성이 결정되는 데는 최소한 빛이 닿을 만큼의 시간이 필요하다. 그런데 양자역학은 지구에 있는 불의 속성이 결정되자마자 외계에 있는 불의 속성이 결정된다고 주장하는 것이다.

양자역학은 에너지이건 다른 물리량이건 끊김 없이 연속적인 것이 아니라 불연속적으로 끊어진 극소 단위로 구성되었다고 보며 이를 '양자화'되어 있다고 한다. 아울러 단순히 너무 작은 단위이기에 우리가 여태까지 관측할 수 없었다고 말해준다.

그렇다면 양자역학과 상대성론 중 하나를 버려야 할 것인가? 아니다. 우리는 외려 이 두 이론에 인문의 안목을 더해 철학으로 승화시켜야 할 것이다. 왜냐면 양자론은 양자론대로 상대론은 상대론대로 진실을 말하고 있기 때문이다. 색깔이 다를 뿐, 소리가 다를 뿐 서로의 허점을 메워주고 있으며 그 자체로 아름답기 때문이다.

삶과 죽음처럼 시작 속에 끝이 있고, 끝 속에 시작이 있다고나 할까. 음악의 장조와 단조처럼, 철학의 음과 양처럼, 시간의 과거와 미래처럼, 공간의 지구와 외계처럼 하나가 있어야 다른 하나가 존재한다. 전기가 되는 원자력이 있는가 하면, 무기가 되는 핵폭탄이 있는 것도 마찬가지로 이해할 수 있다.

인류 역사도 앞서 말한 히로시마의 8시 15분을 거쳐 지금에 이르렀고, 이제 인류는 급격한 과학기술의 발달과 인공지능의 출현을 목도하고 있다. 어찌 보면 핵이 지배하던 세상을 지나 인공지능이 군림하는 시대의 초입에 이미 들어섰는지도 모른다.

달을 정복하고 화성을 탐사한 인류는 머지않아 외계로 여행을 다니게 될 것이다. 그때 우리는 과거를 돌아보며 왜 부질없이 핵으로 반목하고 위협하며 시간을 허비했는지, 왜 그리도 평화를 갈구했던지. 차라리 철학에서 위안을 찾고, 인문에서 구원을 받지 않았던지 반문할지도 모른다.

마지막으로, 이 책은 지난해 가을 인문예술지 〈QUESTION〉 민병모 주간을 압구정 찻집에서 만난 것이 계기가 되어 쓰게 되었다. 그 후 인터뷰 자리를 가졌고 덕분에 이렇게 한 권의 책이 나올 수 있었다. 출판사 '철수와영희' 박정훈 대표와 인사동에 자리를 마련해준 김내혜 대표께도 감사드린다.

압구정에서

2024. 6.

핵은 사양길에 접어들었습니다.

무기를 만들어 인류를 대량 살상하고

전기를 얻어 풍요를 추구하던 시대가

가고 있어요. 저도 공학자입니다만,

이 모든 것이 핵의 도구화에서

비롯했다고 봅니다. 이용하되

목적과 맥락을 생각하지 않았던 거예요.

제가 '핵 인문학'을 강조하는 이유입니다.

이제는 핵을 인문학적 시선으로

바라보아야 해요.

그래야 길이 열립니다.

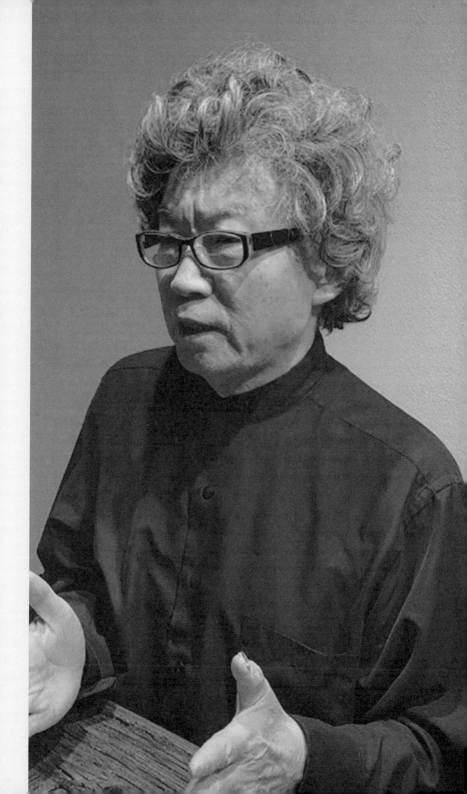

1
부
———

핵 과 나

25시

불현듯 하루가 다하고 이제 다시는 아침이 오지 않을 것 같은 어둠 속에서, 남은 자투리 시간이야말로 어쩌면 원자핵에 남겨진 마지막 60분일지도 모른다는, 그래서 누군가 글로 남겨야 할 것 같다는 생각이 들었습니다.

앞으로 핵과 관련해 머리보단 가슴으로 이야기를 나누어볼 텐데요. 1981년 여름 이후 평생을 강의와 연구 속에서 살아온 저로서는 영어와 수식을 거두고 우리말로 이야기하려니 생각이 처음엔 거슬거슬했지만, 조금씩 파란 비단처럼 부드러워지네요.

핵이란 무엇인지, 오늘날 핵과 연관된 담론들은 무엇이 있는지 등을 살피면서 우리 문명과 핵의 관계 등에 관해 명징한 언어로 풀어보고자 합니다. 먼저, 핵을 이해하는 데는 인문학적 관점이 매우 중요하다고 생각합니다. 그래서 핵 인문학 즉, '인문핵'이라는 말을 쓰기 시작했는데요, 먼저 개인적인 이야기로 실타래를 풀어가고자 합니다.

잠시 제 고등학교 시절로 거슬러 올라가 보겠습니다. 벌써 반세기 전이니, 풀잎에 맺힌 이슬처럼 반짝이던 시절이었다고나 할까요. 그래서 언젠가부터 스스로 '노아(露兒)'라고 불렀지요. 우리말을 좋아해 소리 나는 대로 '이스라이(이슬아이)'라 되뇌었습니다.

당시 저는 선생님들로부터 문과가 적성에 맞으니, 그쪽으로 진로를 정해보라는 말씀을 많이 들었어요. 예컨대 영어, 독어, 불어를 무척 좋아했어요. 오 헨리의 『마지막 잎새』를 외우고, 막스 뮐러의 『독일인의 사랑』에 빠지고, 앙투안 생텍쥐페리의 『어린 왕자』를 밤새 읽었죠. 당시 대입 예비고사에서 독일어 과목은 만점을 받았습니다. 그랬더니 선생님들이 이구동성으로 제게 독문학을 권하시는 거예요. 하지만 뒤돌아보지 않고 핵공학을 택했지요. 그런데 문학과의 인연은 여기가 끝이 아닙니다. 아마도 부친께 물려받은 제 혈관엔 인문의 향기가 깊이 배어들었던 것 같아요. 릴케의 시구 "마지막 단맛이 짙은 포도주 속에 스미게 하소서"처럼 말이죠.

제가 서울대학교를 졸업하고 미국 매사추세츠공과대학, 그러니까 MIT로 유학 갔을 때도 독일 시(詩), 프랑스 시(詩)를 부전공으로 했어요. 공부가 힘들 때 찰스강 언저리를 거닐며 시를 암송하면 심신이 재충전되곤 했지요.

제가 '핵'에 처음으로 관심을 가진 게 고등학교 2학년 때입니다. 그때는 물리가 아닌 '물상'이라는 과목이었는데 교과서 맨 뒤에 원자핵에 관한 이야기가 살짝 나왔어요. 눈에 딱 들어오더군요. 핵이라는 게 물질의 최소 단위 아닙니까. 지금은 그보다 더 작은 물질이 있다는 사실이 알려졌습니다만, 그때만 해도 원자는 물질을 쪼개고 쪼개서 더는 쪼갤 수 없는 지경까지 간 상태를 말했지요.

아시다시피 원자는 영어로 'atom'이라 하죠 그리스어 'atomos'에서 따온 말인데 'a'라는 접두사는 '못 한다'는 것이고, 'tomos'는 '쪼갠다'는 것이니 그야말로 '쪼개지 못한다'는 건데요. 알고 보면 잘못된 이름이지만 모두 그대로 받아들여요. 여담이지만 '신성로마제국'은 신성하지도 않고 심지어 로마도, 제국도 아니었다고 볼테르는 농담처럼 말했지요.

원자 한가운데엔 양전하를 띤 양성자와, 양전하와 음전하를 모두 가져 중화돼버린 중성자가 핵으로 똘똘 뭉쳐 있어요, 이때 양성자와 중성자를 '핵자'라고 부르지요. 그 둘레를 아주 멀리서 구름처럼 돌고 있는 음전하를 띤 전자들이 있지요. 이때 양성자와 전자의 수가 같으니, 원자는 전체적으로 다시 중성을 띠는 거죠. 그렇지 않고 양성자가 전자보다 더 많으면 양이온, 전자가 양성자보다 더 많으면 음이온이라고 해요. 화학 반응에서 많이 보셨던 거죠?

그래서 이 원자라는 게 원자핵과 그 주위를 도는 전자들로 구성되지 않습니까? 나머지는 다 텅 빈 공간인 거예요. 거기서 제가 받은 느낌을 간단히 표현하자면 '공즉시색(空卽是色)'이었습니다. 아니 '색즉시공(色卽是空)'이었달까요? 멀리서 보면 하나의 알갱이처럼 보이지만 가까이 다가가서 보면 비어 있는, 그런 오묘한 세계였어요. 인문학적 상상력이 발동하는 순간이었습니다.

나름대로 '공즉시핵'이란 신조어를 만들면서 자연스레 '인문핵'이라는 용어를 떠올리게 되었지요. 원자란 비어 있되 채워져 있고 채워져 있되 비어 있다는, 이 말을 몇 년 전에 방송에서 강연하면서 처음으로 썼는데 다들 신선해하더군요. '인문학'이라는 글자에다가 획 하나만 더하면 되잖습니까?

여러모로 좋은 이름인 것 같았어요. 특히나 지금 인류가 맞닥뜨리고 있는 핵 문제를 해결하려면 인문학적 시각이 꼭 필요해요. 그런 차원에서 보자면 핵은 결코 인류의 미래가 아닙니다. 오히려 미래를 위해 버려야 하는 기술이에요. 이런 이야기를 방송이나 유튜브 같은 에스앤에스(SNS) 등에서도 꾸준히 했습니다.

평생을 같이 걸어오던 핵, 즉 원자력에 대해서도 이젠 거울 앞에 서서 다시 돌아다보게 됐습니다. 저 스스로 주간엔 원자력, 야간엔 핵무기를 공부하면서 핵이라는 '양날의 검'과 씨름하다 보니 벌써 고희(古稀)가 눈앞에 다가왔네요. 고교 시절 숲속에 난 두 갈래 길이 있었고, 그때는 둘 다 끝이 보이진 않았죠. 하나는 공학, 또 하나는 문학. 만약 평행우주 속의 또 다른 내가 지금의 나와 다른 길을 갔다면, 그러다 4차원 시공간에서 서로 만났다면. 아마도 두 사람은 그 자리에서, 그 순간에 소멸했겠죠. 물질과 반

어린이 책도둑 시리즈로 배우는
쉽고 재미있는 인문·사회·생태·과학

선생님, 생태계를 지키려면 어떻게 해야 해요?
우리가 꼭 알아야 할 생태계와 기후 위기 이야기
이상수 글 | 방승조 그림
132쪽 | 13,000원
전국독서새물결모임 추천도서

선생님, 건강하게 살려면 어떻게 해야 해요?
우리가 꼭 알아야 할 건강 이야기
권세원 외 글 | 이연정 그림
120쪽 | 13,000원
아침독서 추천도서

선생님, 난민은 왜 생기나요?
우리 이웃인 난민과 더불어 살아요
김미조 글 | 홍윤표 그림
112쪽 | 13,000원
한국학교사서협회 추천도서

어린이 책도둑 시리즈는 계속 출간됩니다.

…동이 뭐예요?
…기 인문 학교
…1 운동이 뭐예요?
…한민국은 어떻게 시작되었나요?
…디어가 뭐예요?
…화가 뭐예요?
…물 권리가 뭐예요?
…학이 뭐예요?
…후 위기가 뭐예요?
…건축이 뭐예요?
…불어 살려면 어떻게 해요?
…경제가 뭐예요?
…핵이 뭐예요?
…코로나19가 뭐예요?
…진화론이 뭐예요?

17 선생님, 착한 손잡이가 뭐예요?
18 선생님, 정치가 뭐예요?
19 선생님, 세계 시민이 되려면 어떻게 해야 해요?
20 선생님, 반려동물과 함께 살려면 어떻게 해야 해요?
21 선생님, 평화통일이 뭐예요?
22 선생님, 인류세가 뭐예요?
23 선생님, 유해 물질이 뭐예요?
24 선생님, 채식이 뭐예요?
25 선생님, 노동법이 뭐예요?
26 선생님, 쓰레기는 왜 생기나요?
27 선생님, 탄소 중립을 이루려면 어떻게 해야 해요?
28 선생님, 친일파가 뭐예요?
29 선생님, 노동을 즐겁게 하려면 어떻게 해야 해요?
30 선생님, 생태계를 지키려면 어떻게 해야 해요?
31 선생님, 건강하게 살려면 어떻게 해야 해요?
32 선생님, 난민은 왜 생기나요?

철수와영희 생명수업 첫걸음 시리즈

파브르에게 배우는 식물 이야기
어린이 눈높이에 맞추어 다시 쓴 파브르 식물기
노정임 글 | 안경자 그림
이정모 감수·추천 | 156쪽 | 18,000원
미래창조과학부 우수과학도서
어린이도서연구회 추천도서

조영권이 들려주는 참 쉬운 곤충 이야기
220여 컷의 사진으로 배우는 곤충의 생태
조영권 글·사진 | 160쪽 | 18,000원
세종도서 교양부문 선정도서
학교도서관저널 추천도서

김성현이 들려주는 참 쉬운 새 이야기
300여 컷의 사진으로 배우는 새들의 생태
김성현 글·사진 | 156쪽 | 18,000원
과학기술정보통신부인증 우수과학도서
어린이도서연구회 추천도서

철수와영희 어린이 교양 시리즈

동물과 식물 이름에 이런 뜻이?!
어원과 생태를 함께 보는 동식물 이야기
이주희, 노정임 글 | 안경자 그림
200쪽 | 값 13,000원
아침독서 추천도서
학교도서관사서협의회 추천도서

야생 동물은 왜 사라졌을까?
우리나라 멸종 동물 22종 이야기
이주희 글 | 강병호 그림
164쪽 | 값 13,000원
환경부 우수환경도서
어린이도서연구회 추천도서

선인장은 어떻게 식물원에 왔을까?
도시공원에서 만나는 생태 이야기
정병길 글 | 안경자 그림
172쪽 | 값 13,000원
과학기술정보통신부인증 우수과학도서
학교도서관사서협의회 추천도서

도시에서 만난 야생 동물 이야기
열두 동물로 살펴보는 도시 생태 이야기
정병길 글 | 안경자 그림
152쪽 | 값 13,000원
세종도서 교양부문 선정도서
아침독서 추천도서

철수와영희 그림책 시리즈로 배우는
어린이가 처음 만나는 생태와 환경

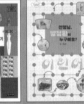

05 우리 학교 텃밭
초등학교에서 많이 심는 채소 9종과 곡식 3종 가꾸기
노정임 글 | 안경자 그림
64쪽 | 13,000원
환경정의 어린이 환경책 권장도서

06 무지개 욕심 괴물
어린이를 위한 탈핵 이야기
김규정 글·그림
60쪽 | 12,000원
아침독서 추천도서

07 밀양 큰할매
어린이를 위한 인권 이야기
김규정 글·그림
44쪽 | 12,000원
어린이도서연구회 추천도서

11 멸종 동물 소원 카드 배달 왔어요
우리나라 멸종 위기 동물들의 생활사
윤은미 글 | 김진혁 그림
52쪽 | 16,000원
학교도서관저널 추천도서

철수와영희 그림책 시리즈는 계속 출간됩니다

❶ 애벌레가 들려주는 나비 이야기
봄에 만난 아홉 마리 나비의 한살이와 생태
❷ 소금쟁이가 들려주는 물속 생물 이야기
여름철 둠벙에서 만난 곤충과 물풀 들의 한살이와 생태
❸ 무당벌레가 들려주는 텃밭 이야기
가을에 거두는 열 가지 텃밭 작물의 한살이와 생태
❹ 겨울눈이 들려주는 학교 숲 이야기
겨울철 학교에서 만난 나무의 한살이와 생태
❺ 우리 학교 텃밭
초등학교에서 많이 심는 채소 9종과 곡식 3종 가꾸기
❻ 무지개 욕심 괴물
어린이를 위한 탈핵 이야기
❼ 밀양 큰할매
어린이를 위한 인권 이야기
❽ 우리 학교 장독대
학교에서 쉽게 담그는 간장과 된장
❾ 내가 끓이는 생일 미역국
고은정 선생님에게 배우는 어린 생활 요리
❿ 내가 담그는 뚝딱 고추장
어린이도 쉽게 담글 수 있는 전통 양념 고추장
⓫ 멸종 동물 소원 카드 배달 왔어요
우리나라 멸종 위기 동물들의 생활사

철수와영희 출판사가 권하는
미래 세대를 위한 어린이·청소년 도서

미래 세대

멸종 동물 소원 카드 배달 왔어요
우리나라 멸종 위기 동물들의 생활사
윤은미 글 | 김진혁 그림 | 52쪽 | 16,000원
학교도서관저널 추천도서

미래 세대를 위한 지구를 살리는 급식 이야기
선생님, 오늘 급식이 뭐예요?
민은기, 배성호 글 | 132쪽 | 15,000원

미래 세대를 위한 우주 시대 이야기
우주를 아는 만큼 삶이 달라진다
손석춘 글 | 200쪽 | 15,000원

인권 감수성

선생님, 난민은 왜 생기나요?
우리 이웃인 난민과 더불어 살아요
김미조 글 | 홍윤표 그림 | 112쪽 | 13,000원
학교도서관사서협의회 추천도서

미래 세대를 위한 건축과 국가 권력 이야기
건축으로 살펴보는 세계 근현대사와 국가 권력
서윤영 글 | 216쪽 | 15,000원
아침독서 추천도서

선생님, 방정환이 누구예요?
방정환 선생님과 함께 만나는 어린이와 청소년 인권
배성호 글 | 132쪽 | 15,000원

법과 정치

선생님, 정치가 뭐예요?
우리 삶을 바꾸는 정치 이야기
배성호, 주수원 글 | 이재임 그림 | 128쪽 | 13,000원
어린이도서연구회 추천도서

미래 세대를 위한 법 이야기
행복하고 평등한 세상을 위한 법 이야기
이지현 글 | 180쪽 | 15,000원

손석춘 교수의 민주주의 특강
보수와 진보 공동의 정치 철학
손석춘 글 | 256쪽 | 18,000원
학교도서관사서협의회 추천도서

철수와영희
철수와영희 출판사는 우리 사회의 철수와 영희에게 도움 되는 책을 펴내기 위해 노력합니다.
전화: 02-332-0815, 팩스: 02-6003-1958, 이메일: chulsu815@hanmail.net
도서목록 발행일: 2024년 5월 20일

환경·생태·기후·과학 이야기

①
미래 세대를 위한 키워드 기후 위기 이야기

30가지 키워드로 살펴본 기후 위기 이야기

이상수 글 | 180쪽
15,000원
학교도서관사서협의회
추천도서

②
미래 세대를 위한 우리 새 이야기

170여 종의 새들의 300여 장의 사진으로 배우는 새 이야기

김성현 글 · 사진
188쪽 | 18,000원
한국학교사서협회 추천도서

③
미래 세대를 위한 기후 위기를 이겨 내는 상상력

지구 생태계를 살리기 위한 상상력 이야기

안치용 글 | 180쪽
15,000원
인디고서원 추천도서

④
미래 세대를 위한 채식과 동물권 이야기

건강하고 행복한 지구를 만들기 위한 실천

이유미 글 | 장고딕 그림
160쪽 | 15,000원
학교도서관사서협의회
추천도서

⑤
미래 세대를 위한 인공지능 이야기

인공지능 시대에 무엇을 준비해야 할까요?

배성호, 정한결 글
방소조 그림
160쪽 | 15,000원
아침독서 추천도서

⑥
미래 세대를 위한 녹색 특강

아홉 가지 주제를 통해 살펴본 녹색 미래

박병상 글 | 160쪽
15,000원
어린이도서연구회
추천도서

⑦
미래 세대를 위한 우주 시대 이야기

우주를 아는 만큼 삶이 달라진다

손석춘 글 | 200쪽
15,000원

⑧
미래 세대를 위한 지구를 살리는 급식 이야기

선생님, 오늘 급식이 뭐예요?

민은기, 배성호 글
132쪽 | 15,000원

평화와 인권의 징검다리

㊶
10대와 통하는 세계사 이야기

역사를 아는 만큼 미래가 보인다

손석춘 글
300쪽 | 16,000원
학교도서관사서협의회
추천도서

㊷
10대와 통하는 건축과 인권 이야기

건축으로 살펴본 프라이버시권, 거주권, 생활권, 도시권

서윤영 글
208쪽 | 14,000원
아침독서 추천도서

㊸
10대와 통하는 야외 생물학자 이야기

열 가지 분야로 살펴본 야외 생물학자 도감

김성현 외 9인 글
264쪽 | 18,000원
한국학교사서협회 추천도서

㊹
10대와 통하는 영화 이야기

상상이 현실이 되는 교과서 밖 영화 세상

이지현 글
244쪽 | 15,000원
한국출판문화진흥재단
올해의 청소년 교양도서

더불어 사는 삶을 위한 인권과 민주주의

08
새내기 노동인 ㄱㄴㄷ

일터에서 곧 마주칠 갑질, 슬기롭게 이겨가는 길

손석춘 글 | 256쪽
14,000원
아침독서 추천도서

09
정의의 길, 역사의 길

10대에게 들려주는 정의론

김상웅 글 | 168쪽
12,000원
아침독서 추천도서

10
평화의 눈으로 본 세계의 무력 분쟁

무력 분쟁으로 살펴보는 세계 시민의 역할

정주진 글 | 272쪽
17,000원
인디고서원 추천도서

11
공격 사회

비난과 조롱에 익숙해지다

정주진 글 | 248쪽
17,000원

교과서 밖 평등·평화

⑤
정주진의 평화 특강

난민, 폭력, 환경으로 살펴본 평화

정주진 글 | 240쪽 14,000원
아침독서 추천도서

⑦
서윤영의 청소년 건축 특강

건축으로 살펴본 일제 강점기

서윤영 글 | 180쪽 13,000원
어린이도서연구회 추천도서

⑧
권은중의 청소년 한국

음식으로 배우
우리 역사

권은중 글 | 272
아침독서 추천도서

길담서원 청소년 인문학교실 시

선생님, 노동을 들려
어떻게 해여

모두가 존중
즐겁게 일하

이승율 글 | 소
128쪽 | 13,00
아침독서 추천도서

물질처럼.

　최근에는 비판적인 이야기를 많이 하다 보니 고소·고발을 당하기도 했어요. 2023년 5월에 라디오 인터뷰를 하면서 후쿠시마 핵폐수 해양 투기를 강하게 비판했습니다. 표층수와 달리 심층수는 우리 바다로 유입되는 시간이 훨씬 짧아서 몇 년 아니라 몇 달 만에 닿을 수도 있다고 잠재적 위험을 경고했어요. 그랬더니 우리나라의 한 어민 단체에서 저를 고발한 거예요. 허위 사실로 생업을 방해했다는 이유로 말입니다.

　허탈했습니다. 어처구니없기도 했고요. 일본 정부와 도쿄전력의 무책임한 행태를 비판하며 싸우는 사람 등에 칼을 꽂은 거예요. 그것도 같은 한국 사람들이 말입니다. 심지어 해양수산부 장관이 나서서 제 방송 내용을 들먹입니다. 그러면서 정부가 나서서 일본 주장을 옹호해요. 정말 기가 막힐 일이 아닐 수 없습니다. 제 주장은 과학적으로 근거가 있거든요.

　저는 예전에 웨스팅하우스에서 후쿠시마 원전과 같은 원전에 사고가 났을 때, 그래서 대량의 핵연료가 녹아내리고 원자로가 뚫렸을 때 어떤 일이 생길지를 공학적으로 계산하는 컴퓨터 시뮬레이션 프로그램의 개발 책임자로 일했어요. 우리나라에 올림픽이 열리던 해였지요. 그땐 우리나라엔 없는 이런 원자로 '중대 사고'는 공부해서 뭐 하나 했지요. 다들 백만년, 천만년에 한 번 일어날까 말까한 사건이라고 했어요. 그래도 당시로선 최신의 수식과 모형과 상상을 총동원한, 지금으로 말하자면 인공지능과 대량 정보를 복합한 지능형 전산 모형이었습니다. 이때는 후쿠시마에서 실제로 사고가 나기 훨씬 전이었잖아요? 그래서 아무도 제 계산 결과를 믿지 않았습니다. 논문도 몇 편 썼지만, 회사 경영진의 반대와 동료 연구원의 불신과 훼방으로 제대로 인정받지 못했습니다.

그러다 2011년 3월 11일, 한참 전에 예측했던 사고가 실제로 일어났을 때는 저도 믿기지 않았어요. 당시 하룻밤 동안 시뮬레이션했던 내용이 주마등처럼 스쳐 지나갔습니다. 지진, 해일, 침수, 정전으로 시작된 사고로 원자로는 멈춰 섰지만, 핵연료를 충분히 오래 식히지 못해 몇 시간 만에 용암처럼 흘러내립니다. 그 열기로 원자로에 구멍이 나고, 핵물질이 그 아래 콘크리트 바닥에 마치 코끼리 발처럼 펑퍼짐하게 쌓이죠. 그 열기를 견디지 못해 바닥이 녹아내립니다.

이런 장면을 상상하자 원자로의 핵분열 생성물이 얼마나 빨리 유출될지, 바닥과 벽의 철근 콘크리트가 어떻게 녹아내릴지, 얼마나 많은 플루토늄 같은 독극성 물질이 나올지, 오염된 지하수, 냉각수가 얼마나 흘러나올지 걱정이 되었습니다.

이런 내용을 사람들에게 알리자 뜻밖의 반발에 부딪혔어요. 정부와 어민 단체, 그리고 보수 언론이 나서서 저를 비난하기 시작했습니다. 원자력계에서 유일하게 후쿠시마 핵폐수 투기를 반대하는 사람이라서 좌천당할 위험에 처했다는 둥, 교수 직위조차 유지하기 어렵다는 둥, 사이비 전문가에다 과거에는 다른 발언을 했었다는 둥 각종 유언비어에 인신공격까지 서슴지 않았습니다. 그러자 언론사에서도 섭외가 끊겼어요. 엄연히 명예교수로 재직하고 해외에서도 굴지의 핵 전문가로 인정받고 있습니다만, 국내 학계에서는 여전히 절 배척하고 있죠. 정부가 일본에 미온적으로 대처하다 보니 이런 일이 생기지 않았나 싶어요.

사건이 불송치, 무혐의 처리될 때까지 넉 달이 조금 더 걸렸습니다. 혼자 되었다는 생각에 외롭고 괴로웠지요. 누구도 나서거나 도와주지 않았어요. 그런데 시민언론 더탐사―지금은 뉴탐사―가 손을 잡아주었지요. 저를 지지해준 시민 여러분께는 지금도 고맙습니다.

늘 그러하듯, 손바닥으로 해를 가릴 수는 없습니다. 저를 고소한다고 해서 핵폐수가 우리나라는 물론 세계 해양 생태계에 치명적인 해를 끼친다는 사실이 뒤바뀔까요? 핵폐수에 포함된 방사성 물질은 먹이사슬을 타고 생태계를 교란하고 태평양을 오염시킵니다. 핵폐수가 우리 바다로 유입되기까지 걸리는 시간은 과학적으로 논쟁이 있을 수 있어요. 하지만 이는 후쿠시마 사태의 정곡을 비껴간 것이고, 태평양을 오염시킨다는 사실에 눈을 감고 있다는 게 본질이지요. 단지 정권이 바뀌었다고 해서 이렇게 일본 핵폐수를 대하는 태도가 180도 달라져야 하는지 정말 궁금

하지 않을 수 없습니다. 이는 초국경, 초세대, 초과학의 문제이죠.

공개적으로 저를 지지하지는 못하지만 사석에서는 고개를 끄덕이는 전문가들도 있어요. 핵폐수가 얼마나 위험한지, 그리고 지금 일본의 행동이 얼마나 큰 폐해인지 아는 거예요. 관료들도 아마 알 것입니다. 하지만 생업이 걸려 있고 위계라는 게 있다 보니 위에서 옆에서 시키는 대로 하는 거죠. 그렇다고 해서 그들이 모두 일본 주장에 그대로 따르는 건 아니라고 믿고 싶어요. 이해는 가지만, 안타깝죠. 학자적 양심으로 보아도, 시민의 관점으로 보아도 이건 아니거든요.

6

여로에 오르다

9

저는 반세기를 원자핵과 함께 살고 있습니다. 그동안 누구보다 그 속내를 깊이 보고 많이 느꼈어요. 1974년 당시 공릉동에 함께 붙어 있던 서울공대와 원자력연구소에 자주 갔습니다. 그때만 하더라도 박정희 정권 반대 시위가 한창이라 공대 교정은 늘 경찰의 최루탄 연기로 가득했고 수업은 휴강을 거듭했지요. 결국 혼자서 핵을 깨우쳐 가는 수밖에 없었고, 그나마 연구용 원자로가 동산 너머에 있어 근근이 중성자와 함께 원자핵을 공부할 수 있었어요.

수업을 쉬는 날에는 교문 앞 '무수다방'이란 곳에 가끔 갔었는데 나중에는 하숙방에 처박혀 『독일인의 사랑』을 번역하면서 지내기도 했습니다. 당구장, 탁구장을 찾는 대신 혼자만의 세상에 갇히게 된 거죠. 그러면서 친구보다는 원자에서 구원을 찾는 정신적 여로에 오르게 됩니다.

그러다 만난 게 불교였고, 『반야심경』이었습니다. "색이 공과 다르지 않고 공이 색과 다르지 않아 색이 곧 공이며, 공이 곧 색이다"는 말이 "핵이 공과 다르지 않고 공이 핵과 다르지 않아 핵

27

이 곧 공이며, 공이 곧 핵이다"로 들리는 순간 깨달음을 얻었지요. 미세 입자를 바라보는 양자역학과 거대 공간을 헤아리는 상대성론이 둘이 아니고 하나라는 사실에 전율했습니다.

과학의 심오한 물음에 2600년 전 불교가 명징한 모범답을 설파한 것입니다. 문명과 과학은 동양과 서양을 넘나듭니다. 이젠 동양이 다시 인문과 철학으로 지구촌 역사를 이어가고 미래를 열어가야 합니다. 미국, 유럽과의 끈도 중요하지만 중국, 인도와의 연 또한 놓쳐선 안 될 것입니다. 동서양의 문명과 문화가 견제와 균형을 이룰 때 인류는 비로소 올바른 세상으로 나아갈 수 있지요.

국내에서 외길을 걷던 제가 해외로 눈을 돌리자 두 갈래 길이 열리기 시작했습니다. 토플(TOEFL) 영어 시험에서 단번에 최고 점수를 받자 MIT, 하버드, 컬럼비아, 캘리포니아대학 등에서 입학 허가와 더불어 장학금 제안까지 들어와 (행복한) 고민에 빠진 거죠. 컬럼비아대학에선 외국인에겐 주지 않는 동문장학금까지 제의합니다. 제가 머뭇거리자 당시에 유일한 해외 통신수단이던 텔렉스(telex)를 원자력연구소장에게 보내 제 의사를 타진하기도 했죠. 며칠 고민하다 나라에서 유학비를 대주는 국비 장학생으로 MIT를 선택했어요.

그리하여 난생처음 보스턴행 비행기 보잉747기에 몸을 실었는데 그만, 자리가 겹친 거예요. 여행사 실수였던지 아무튼 제 자리에 다른 사람이 앉아 있었어요. 순간 하늘이 캄캄해졌죠. 승무원이 왔다 갔다 하더니 난처해하는 거예요. 그때 상사로 보이는 사람이 제게 오더니 비행기 맨 앞쪽으로 안내했어요. 그리하여 첫 비행기 탑승을 일등석에서 하게 됐지요.

설레는 마음으로 도착한 뉴욕 제이에프케이(JFK) 공항의 야경은 지금도 기억에 생생합니다. 저로선 올더스 헉슬리의 소설 제목인 '용감한(멋진) 신세계'나 다름없었습니다. 비행기를 갈아타고 보스턴 로건공항에 내려 찰스강을 따라갑니다. 마침내 하버드광장을 지나 셰퍼드길 10 아파트 4호에서 드디어 케임브리지의 첫날을 맞았어요. 1981년 9월이었습니다. 그곳 가을 하늘은 푸르렀지만 쓸쓸했지요.

학기 첫날, 드디어 정식으로 수업에 들어갑니다. 사진으로만 보던 아홉 개의 이오니아 석주가 떠받치는 MIT의 원형 돔 아래 미국 대학 중 가장 길다는 복도에 서 있으니 심장이 두근거렸습니다. 건물 밖에는 양옆에 늘어선 플라타너스 나무와 함께 푸른 마당이 펼쳐져 있었어요. 사람들은 모두 덩치가 컸습니다. 심지어 다람쥐도 토실했어요. 멀리 찰스강 너머 보험사 푸르덴셜 건물이 햇볕 속에 번득이고 있었죠.

곳곳에서 마주치는 손꼽을 과학자들의 흔적, 빼어난 예술가들의 조각, 뛰어난 공학자들의 건축은 원자핵 이상으로 제가 케임브리지의 MIT에 와야만 하는 이유였습니다. 석사 과정은 원자핵공학과에서 고속증식로를, 박사 과정은 기계공학과에서 내파공학을 연구했습니다. 최근 개봉한 영화 〈오펜하이머〉에서 잠시 소개되기도 했는데요. 내파공학이란 쉽게 말씀드리면 플루토늄을 압축하는 기술입니다. 한편 문화적, 학문적 차이에 적응하는 데 시간이 걸렸어요. 무엇보다 그동안 해온 공부를 첫 장부터 다시 시작해야 했습니다. 핵을 연구하는 사람들은 개인을 넘어 공동체, 인류의 문제를 생각해야 해요. 그만큼 기술의 윤리성이 중요하달까요. 핵 관련 기술이 우리 삶에 끼치는 영향이 지대하기 때문입니다.

처음 본 순간

저는 6·25 전쟁이 끝나고 얼마 뒤 태어났어요. 제 위로 세 형제가 있었는데 그만 안타깝게도 일찍 죽었습니다. 그래서 부모님이 저를 애지중지 키웠어요. 제가 기억하는 어린 시절은 네다섯 살 무렵부터 시작됩니다. 당시 영어 선생님이셨던 아버지께서는 학교를 이곳저곳 옮겨 다니셨습니다. 광주에 오래 계셨고 나주, 영산포, 완도에도 계셨어요.

늘 살림이 넉넉지 않아서 식구들이 함께 살 집을 장만하지 못했어요. 그래서 친할머니댁에서 살았는데 당시 할머니께서 부뚜막에 불을 지펴서 밥을 지으시곤 하셨어요. 솥단지 뚜껑을 열 때마다 부엌 가득 퍼지던 밥 냄새가 기억에 남습니다. 많은 사람이 배를 곯던 시절이었어요. 저도 당시를 떠올리면 배고픈 기억이 많습니다. 점심 도시락을 못 싸 가니까 항상 허기가 졌어요. 그래서 다른 아이들이 밥을 먹고 있으면 그냥 엎드려 자는 척했습니다. 당시에도 급식이 있었어요. 도시락을 못 싸 오는 아이들에게 옥수수빵도 주고 했는데 저는 아버지께서 선생님이라서 형편이 나쁘지 않을 거로 생각했는지 안 주더라고요.

어쨌든 제 생활기록부에는 아버지 직업이 교사로 나오니까 극빈자는 아닌 거예요. 그러니까 달라고 할 수는 없고, 그래서 옥수수빵을 받아먹는 아이들이 부러웠죠, 그게 일고여덟 살 무렵입니다. 그래도 공부를 잘했던 기억이 나는데 사실 공부밖엔 별로 하고 싶은 일도, 할 수 있는 일도 없었습니다. 이곳저곳 옮겨 다니다 보니 친구도 사귀지 못했고, 부끄럼도 많은 편이었어요.

그럼에도 소질이 있었나 봐요. 당시 학교에서 일기 쓰기를 했는데 일과에 곁들여 날씨를 표시하잖아요. 비 오는 날, 눈 오는 날, 맑은 날 등을 그림으로 그립니다. 그런데 하루는 선생님께서 저더러 한번 다시 그려보라고 하고는 옆에서 지켜보시는 거예요. 아이들 앞에서 어찌나 부끄럽던지 한참 망설였던 기억이 납니다. 유달리 키가 크신 선생님이셨는데 학급에 그림 그릴 일 있으면 늘 제게 일감으로 주셨죠. 그리고 사생대회라는 게 있었어요. 그림 경연이었는데 늘 특상을 받아 아이들이 부러워했지요. 그때만 해도 제가 이렇게 공학자로 성장하게 되리라고는 상상도 못했습니다.

그러다 중학생이 되면서 처음으로 엔지니어가 되고 싶다는 생각을 했어요. '엔지니어'라는 말에 꽂혀 있었달까요. 당시 공부깨나 하는 사람들은 법대나 의대를 선호했습니다. 하지만 그 후로도 제 마음은 변함없이 공대 그중에서도 '핵공학'이었습니다. 지금도 후회가 없어요. 부친께서도 저더러 과학을 하면 좋겠다는 말씀을 했습니다. 영어 같은 어문학 전공보다 그게 낫다고 생각하신 거 같아요. 어쨌든 이런저런 상황과 감성적인 제 기질이 맞아떨어져서 핵공학자의 길을 가게 된 듯합니다. 보통은 사람들이 '공학', '과학' 등이 건조하고 딱딱한 학문이라고 생각해요. 그런데 공부를 하면 할수록 그렇지 않습니다. 제가 굳이 '인문핵'이라는 말을 하는 이유도 거기에 있어요.

저는 1974년도에 서울대학교 원자핵공학과에 입학했습니다. 그때는 선택의 여지가 없었어요. 전국적으로 '핵'이라는 이름이 있는 학과는 그곳이 유일했습니다. 입학하고 보니 유독 교수님 중에 MIT 출신들이 많았어요. 저도 계속 공부하려면 유학을 가야겠구나 하고 생각했습니다. 그런데 당시는 시국이 어수선했습니다. 학생들이 공부만 하기에는 시절이 험했어요.

두 해 전인 1972년도에 7·4 남북공동성명이 있었습니다. 그때만 해도 분위기가 좋았죠. 사람들은 곧 통일이 될 줄 알았습니다. 그런데 웬걸, 같은 해 가을 유신헌법이 제정돼요. 박정희 대통령이 종신직으로 가겠다는 선언이나 다름없었습니다. 대학가는 물론 전국에서 연일 반독재 투쟁이 이어지자 마침내 긴급 조치가 내려집니다. 휴교령이 떨어졌다가 다시 개강했다가 또다시 휴교했다가, 상황이 그렇게 되면서 저도 학기 내내 강의를 못 들었어요. 교내에서 시위라도 벌어질라치면 여기저기서 최루탄이 날아왔습니다. 저기서 하나 쏘면 학생들은 이리로 도망가고 또 하나 쏘고 또다시 쫓겨 다니고, 그랬지요. 대학만 그런 건 아니었어요. 사회 전체가 폭압적인 분위기를 견디고 있었습니다.

아시겠지만 당시 개인에 대한 국가의 간섭이 무척 심했잖습니까. 개인 옷차림까지 단속했습니다. 저도 장발 단속에 걸렸어요. 서울 종로 거리에서 붙들려서 경찰서까지 갔어요. 당시 제 별명이 '베베르트'였습니다. 베토벤하고 슈베르트하고 섞어서 지어준 이름이죠. 그렇게 머리가 길다 보니 경찰 눈을 피할 수가 없었던 거예요. 저뿐만이 아니라 동시대 많은 사람이 그런 사회 속에서 그러려니 하고 살았습니다.

다행히 그런 분위기 속에서도 아주 특별한 인연을 만날 수 있었어요. 그분 덕분에 핵의 다른 면을 보았달까요, 아무튼 영향을 많이 받았습니다. 당시 저는 가정교사라는 일을 하고 있었습니다. 학비를 벌어야 했으니까요. 학생 집으로 가서 개별 교습을 하는데요. 한번은 제가 가르치는 남매의 외삼촌분이 제게 그런 말을 해요. "자네는 우리나라의 핵탄두 그리고 운반체를 만들 수 있는 사람이네. 그만큼 중요한 공부를 하는 거지."

그때가 1976, 77년 무렵입니다. 까마득한 옛날이죠. 그분 말씀은 마치 핵이 한 나라의 운명을 좌우할 수 있다는 뜻으로 들렸어요. 그러자 제가 원자핵공학과를 선택한 이유를 다시 한번 곱씹게 되었습니다. 운명인지도 모른다는 생각이 들었어요. 이후로 그분의 말씀에 완전히 사로잡혀요. 술을 굉장히 좋아하기도 해서 저와 친해지고는 자주 함께 술을 마셨어요. 그런데 제가 술에 약한 편이거든요. 몸이 잘 못 받아들이는지 조금만 많이 마셨다 하면 소위 필름이 끊겨요. 한번은 종로 근처에서 함께 술을 마셨다가 눈을 뜨고 보니 공릉동 콩밭 한가운데에 쓰러져 있더라고요. 땅바닥에서 밤을 새운 겁니다. 당시 제가 학교 앞에서 하숙하고 있었는데 술에 취해서 집을 찾다가 못 찾고 그만 쓰러졌던 거예요. 하마터면 큰일이 날 뻔했습니다.

핵의 중요성을 일깨워준 그분이 한편으로 굉장한 민족주의자였어요. 우리가 고구려인의 후손으로 기마민족의 진취성을 이어받았으니 당시의 영토인 만주를 되찾아야 한다고 말씀해요. 고구려가 아닌 신라가 삼국을 통일하는 바람에 민족의 기상이 반도에서 벗어나지 못한 채 쪼그라들었다고 합니다. 결론적으로 우리가 옛 영광을 재현하려면 무엇보다도 힘이 있어야 하고, 그러려면 핵이 있어야 한다고 해요. 당시만 해도 저는 핵탄두니 운반체니 하는 것에 대해 진지하게 생각해본 적이 없었어요.

이건 좀 다른 이야기입니다만, 예전에 『무궁화꽃이 피었습니다』라는 소설이 베스트셀러가 된 적이 있습니다. 거기 보면 우리나라가 핵물리학자 이휘소 박사를 중심으로 핵을 개발한다는 내용이 나와요. 물론 가공된 부분이 있지요. 그런데 저는 그분이 전공자로서 정말 핵 개발과 관련이 깊었을까 싶어요. 사실은 핵무기 개발은 핵물리를 넘어선 핵공학이거든요. 이론만으로는 생산물을 얻기가 어렵습니다. 과학과 공학의 차이라고 할까요? 과학은 어떻게 보면 연구에서 끝나요. 아무리 돈을 갖다 써도 괜찮아요. 과학적 성과라는 게 당장 눈에 보이는 게 아니잖아요. 하지만 공학은 다릅니다. 투입된 비용에 상응하는 결과물이 있어야 해요. 그게 공학의 존재 이유입니다.

어쨌든 그래서 제가 가정교사 생활을 하면서 공학도로서의 존재 가치랄까, 해야 할 일이 무엇인지 깨닫게 됩니다. 그 삼촌분의 영향이 컸지요. 이분 성함이 김효수 씨인데, 장애가 있었습니다. 척추 기형이 있는, 그러니까 우리가 소위 말하는 '꼽추'였어요. 그런데 그분이 "난 허리가 굽었지만 자넨 허리도 앞길도 쫙 펴져 있잖아"라고 해요. 그날 밤 또 곯아떨어져—이번엔 다행히 하숙방에 제대로 들어왔어요—꿈을 꿨는데 굽은 허리가 남북으로 잘린 한반도의 모습이 어둑하게 떠올랐어요. 다음날 아침 숙취 속에서도 핵으로 한반도를 바로 세워야겠다는 당찬 생각을 하게 됐어요. 그때부터 핵공학자로서 제 삶이 시작된 거나 마찬가지예요.

대학교를 졸업하고 나서는 직장에 들어갔습니다. 당시 서울역 대우빌딩에 있던 대우원자력이라는 곳이었어요. 1978년에 채용 시험에 응시해서 합격했어요. 필기에 합격하고 면접을 보러 갔는데, 다들 양복을 걸쳤어요. 멀끔하게 차려입었는데 저만 장발에다 옷도 낡았어요. 속으로 '떨어졌구나.' 싶었는데 다행히 최종

합격을 했습니다.

다만 문제가 하나 있었는데, 제가 아직 군대를 다녀오지 않았어요. 채용 조건이 '군필'이었습니다. 그런데도 어찌 된 영문인지 아무런 걱정 없이 직장생활을 시작하게 됩니다. 대우원자력은 당시 드물었던 고층건물의 회전문을 지나 15층쯤으로 기억되는 곳에 있었습니다. 꿈꾸듯 그곳을 들락거렸죠. 거기엔 MIT 출신 강창순 박사를 비롯해 10여 명의 선배들이 근무하고 있었습니다. 지금 와서 보니 당시 김우중 회장이 특채한 강창순 박사께서 아마도 절 특채하셨을 거라는 생각이 들어요. 당시엔 미국 현장의 따끈한 기술을 접하기가 하늘의 별 따기만큼이나 힘들었는데 운이 좋았죠. 이때 처음으로 원자력 기술은 절대 나눠 가질 수 없고, 스스로 개발해야만 한다는 걸 체득했습니다.

하지만 취업한 지 몇 달 지나 입대하게 됩니다. 유학하려면 군 복무가 필수였으니까요. 마침 국방부에 육해공군을 망라하는 특수 조직이 생겼어요. '군사전문교육제도위원회'라는 곳인데 당시 위원장이 장태완 소장이었습니다. 후에 전두환이 군부 쿠데타를 일으켰을 때 저항한 훌륭한 군인이었죠. 국방부에 들어가서 병역을 수행하는데, 운이 좋았는지 그분 당번병으로 근무했어요. 물론 행정이 주였지만 통역이나 번역도 하면서 알차게 하루하루를 보냈습니다.

육군본부 안에 있다가 나중에는 용산 국방부로 출퇴근하게 됩니다. 특이하게도 현역이 아닌 방위병이 국방부 정문을 들락날락하니 위병소에서 자꾸 잡습니다. 그래도 어떡합니까, 제 직속 상관이 육군 장성인데. 한마디로 운이 좋았죠. 아시겠지만, 이분이 나중에 수도경비사령관이 됩니다. 어쨌든 그분 밑에서 일하다가 위원회가 해체되고 다시 일반 근무를 서게 돼요. 국방부 건물 옥상에서 경계 근무를 했습니다. 당시 아지랑이처럼 피어오르던 꽃내음이 지금도 생생합니다. 그런 날이면 불현듯 누군가 그리운 사람을 그리워하고 싶다는 생각이 들었던 것 같습니다.

1년 좀 넘는 군복무를 마치곤 원자력연구소에 들어가게 됩니다. 여기서 훗날 몇몇 과학자가 호기심 차원에서 우라늄을 농축하고, 플루토늄을 추출해보게 됩니다. 아주 적은 양이었죠. 아시겠지만 원자로건 핵무기건 연료로 우라늄이나 플루토늄을 씁니다. 천연 우라늄 1000개 중 오직 일곱 개만이 주로 사용하는 우라늄235예요. 나머지 993개는 우라늄238로 연료로 쓰기 힘들지만 원자로에서 플루토늄239로 바뀌게 되면 역시 연료로 쓸 수 있지요. 참고로 235나 239처럼 홀수 핵이 잘 분열해요.

우라늄은 천왕성에서, 플루토늄은 명왕성에서 이름을 따왔는데, 재미있는 사실 하나는 우라늄이 플루토늄으로 바뀌는 과정에서 넵투늄이라는 원소를 거치게 되는데, 이는 해왕성에서 따온 이름이라는 거예요. 이렇듯 원자와 우주는 서로 이름까지 공유하니, 양자역학을 따르는 미립자와 상대성론을 따르는 은하계는 둘이 아니고 하나라는 사실을 여기서도 엿볼 수 있지 않나 싶습니다.

원자력연구소가 당시엔 서울공대 뒤편에 있었어요. 원래 경기도 양주군 공덕리라는 곳이었는데, 참 까마득한 옛날이죠. 1959년이었으니까요. 당시 서울공대 4호관에 문을 열었는데 이승만 정부가 정책적으로 야심 차게 설립한 바로 그곳에 제가 발을 디딘 것이죠. 1979년 봄이었는데 그해 10월 26일 박정희 대통령 시해 사건이 일어나요. 풍운의 세월이었다 할까요.

그럼 잠시 1968년으로 가보겠습니다. 1956년 이승만 대통령은 미국 대통령의 과학고문이었던 시슬러 박사를 만나 원자력이 우리나라의 에너지원으로 큰 역할을 할 것이라고 예단하고 원자력을 도입하기로 결정했지요. 이어서 정부 내에 원자력과가 만들어지고, 한미원자력협정이 맺어졌죠. 1959년엔 서울대에도 원자핵공학과가 만들어졌어요. 최초로 연구용 원자로 트리가 마크-Ⅱ를 미국으로부터 들여왔고 저는 나중에 원자로실험을 배우면서 구정의 박사님을 만나게 됐습니다.

저는 원자의 실체를 1977년에 난생처음 두 눈으로 확인했어요. 맑은 물속에서 파랗게 빛을 내뿜는 우라늄에 첫눈에 반했다고나 할까요. 나중에야 알았지만 그때가 바로 제 인생에서 처음으로 핵과 만난 순간이었습니다. 우라늄이 쪼개지면 세슘이나 스트론튬 같은 물질이 새로 생겨요. 근데 한번 생각해보세요. 화학 시간에 들어보셨겠지만, 우라늄의 원자수는 92죠. 양성자가 92개라는 거예요. 그럼 235는 뭘까요? 질량수인데 이는 양성자와 중성자―이 둘을 보태 '핵자'라고도 해요―를 더한 것입니다. 그럼 중성자는 핵자 235개에서 양성자 92개를 뺀 143개네요.

우라늄이 쪼개지면 루비듐과 함께 세슘137이 나와요. 여기서 나온 세슘을 들여다볼까요. 세슘의 원자수는 55, 양성자가 55개라는 거죠. 보통 자연에 안정적으로 존재하는 건 세슘133, 즉 질량수가 133이죠. 질량수는 양성자와 중성자 수를 더한 값이라고 말씀드렸죠? 그럼 중성자는 질량수 133에서 양성자 55개를 뺀 78개네요. 근데 핵분열에서 나온 세슘은 질량수가 137이었죠. 그러니 여기엔 중성자가 137에서 양성자 55개를 뺀 82개네요. 자연에 있는 것보다 중성자가 82에서 78을 뺀 네 개가 더 많습니다. 이건 불안정해요. 어떡하나요? 자연의 섭리는 너무나 평이해요. 우리가 잘 몰라서 그렇지요. 중성자가 양성자가 될 수 있을까요, 그럼 둘 사이 불균형이 조금이나마 해소되지 않을까요?

그럼 여기서 핵자의 세계로 들어가 보겠습니다. 양자역학이 발동하는 시점인데, 거두절미하고 이렇게 생각해보시죠. 양성자엔 양전하만 있지만, 중성자엔 양전하 외에 음전하도 들어 있어 결국 전기적으로 중화됩니다. 즉 전하를 띠지 않아요. 그러다 곧 마법의 순간이 찾아옵니다. 음전하가 양전하만 두고 떠나버려요, 간다는 말도 없이. 그럼 이 중성자엔 양전하만 홀로 남으니 양성자가 되겠지요. 중성자 하나가 양성자 하나로 바뀝니다. 이때 나오는 음전하가 바로 전자이고, 이를 베타선이라고 해요. 우리 몸을 해칠 수 있는, 소위 '전리 방사선'이죠. 아시겠지만 '전리'라 함은 '전자를 떼어낸다'는 것이니 원자의 바깥을 돌고 있던 전자, 즉 음전하가 떨어져 나오면 원자는 음양의 균형을 잃고 양전하를 띠게 되겠죠. 평소에 중화돼 있던 원자가 전기를 띠게 돼요. 이런 게 우리 몸 안에 들어온다면 어떻게 될까요? 조금씩 여기저기 오랫동안 감전되는 거니, 그래서 방사선이 두려운 거죠.

이처럼 우라늄이 원자로에서 핵분열할 때 전자가 매우 많이 튀어나옵니다. 원자로는 물로 가득 차 있습니다. 열을 식히기 위해서예요. 아울러 방사선을 막아주는 역할도 합니다. 전자는 진공이나 수중이나 상관없이 광속으로 움직여요. 근데 정작 빛은 물속에서 속도가 조금 느려집니다. 전자가 수중에선 빛보다 더 빠르단 거예요. 그럼 어찌 될까요? 이럴 땐 전자기파가 나옵니다. 이때 수중에 푸른 빛이 보여요. 그걸로 자기 존재를 알리는 거예요. 이를 체렌코프 현상이라고 하는데, 이를테면 "나 여기 있으니 한번 들여다보세요. 하지만 너무 가까이 말고 조금 멀리서." 하는 겁니다. 세상만사가 그렇듯 다치지 않으려면 늘 적당한 거리가, 적절한 간격이 필요해요. 인간을 보나 입자를 보나 말이죠.

그래서 제가 원자로가 있는 원자력연구소에 취업합니다. 핵심 부서인 '노심계통연구실'이라는 곳이었죠. 그곳엔, 역시 MIT 출신 임창생 박사께서 실장을 맡고 계셨어요. 지난번 대우원자력보다 훨씬 짜임새 있는 조직이었습니다. 미국 웨스팅하우스에서 원자로 설계에 사용하던 전산 도구를 들여와 여러 선배들이 지금은 쓰지 않는 '포트란'이란 전산 언어로 소위 국산화 작업에 여념이 없었어요.

첫날, 다소 어수선한 하루를 마치고, 집에 돌아와 미술책 몇 권을 뒤적여보았습니다. 제 나름 '핵 그림'을 그리고 싶어졌어요. 좋아하는 화가들, 그중에서도 모네의 진실은 찰나에 있었고, 고흐의 진실은 고뇌에 있었으며 세잔의 진실은 구조에 있었다는 걸 되새겨 보았어요. 어찌 보면 진실은 사물의 고유한 것이 아니라 우리와 맞닥뜨리면서 비로소 우리 마음에 존재하는 것 아닐까요? 핵도 마찬가지라고 생각했어요. "미숙한 예술가는 베끼고, 위대한 미술가는 훔친다"던 피카소는 세잔을 훔쳤었죠. 그의 그림은 입체주의의 효시가 되었습니다. 저는 또한 원자로를 3차원적으로 그려보고 싶어졌어요. 2002년 '필로소피아'를 서울대 학내 벤처기업으로, 2003년 '프린시피아'를 부설 연구소로 세울 생각이 그때 시작되었으니, 무려 22년이나 걸렸네요.

원자력연구소에선 미국의 선진 기술을 참고해 우리 나름대로 개발하는 역할을 했습니다. 자체 기술이 그리 신통치 않았거든요. 박정희 대통령 때 잠깐 정부에서 관심을 가지는 정도였습니다. 이런 상황에서 앞서 말씀드렸던 김효수 선생 같은 분이 핵 개발부터 무기화까지 주장했으니 제 귀에는 엄청 앞서가는 소리로 들렸던 거죠.

당시 우리나라 핵 기술은 걸음마 단계였습니다. 이 시기에 활동한 핵공학자들 중에는 한국 핵 개발 1세대가 많았어요. 임창생, 강창순, 김창효, 정창현, 장인순, 김철 같은 분들이 그렇습니다. 저는 3세대쯤 됩니다. 선배들이 외국에서 기술을 배워 왔다면 저 같은 사람은 이걸 우리 실정에 맞게 정착시키는 작업을 한 거예요. 1959년에 설립한 한국원자력연구소(현 한국원자력연구원)가 그 중심지였습니다. 그러다 나중에 원자력과 핵무기 개발이 동시에 진행되지요.

6

공학과 인문 사이

저는 아인슈타인과 오펜하이머를 흠모하는 예비 공학자였습니다. 아인슈타인이야 워낙 유명한 분이니 따로 설명이 필요 없겠고요. 오펜하이머는 영화로도 소개되었듯이 미국 핵 개발 계획인 '맨해튼 사업'을 주도하여 최초로 원자폭탄을 개발한 사람입니다. 이론물리학자로서 빼어난 지성인이었어요. 나중에 핵무기 개발을 두고두고 후회합니다.

아인슈타인의 상대성론은 제게 세상을 새롭게 보게 했어요. 시간과 공간이 따로가 아니고 하나로 엮여 있다는 것, 우주가 빛보다 더 빠르게 팽창하고 있다는 것, 빛의 속도로 가면 시간이 느려진다는 것, 그래서 미래로 시간 여행할 수 있다는 것, 빛이 무거운 별을 지나면서 휘어진다는 것, 블랙홀이 있다는 것 등을 인류 최초로 알려준 사람이잖아요. 생각해보면 제가 청년기에 만났던 사람들, 그리고 책에서 만난 멋진 학자들이 제 길라잡이 역할을 한 것 같습니다. 그러다 미국으로 건너가면서 새로운 생활을 시작하게 되지요.

한국 연구소에 몸담고 있던 저는 앞서 말씀드렸듯 1981년에 미국 MIT로 유학을 떠납니다. 결혼한 지 한 달 만의 일이었어요. 그때 제가 비행기를 타기 전에 김포공항에서 결심한 게 있습니다. '내가 핵을 만들겠다. 그전에는 어떤 일이 있어도 우리 땅을 밟지 않겠다.' 마음을 아주 독하게 먹었어요. 실제로 아버님이 돌아가시기 전까지 그 약속을 지켰습니다. 그만큼 공부에 대한 부담도 있었고요. 사실 외국에서 공부하기가 쉬운 일은 아니거든요. 동양인 유학생에 대해 그다지 호의적인 분위기도 아니었습니다.

처음에는 모든 게 낯설고 힘들었습니다. 그동안 제가 배워 온 방식과는 달랐어요. 우리나라는 주입식이잖아요. 시키는 대로 하고 읽으라는 책 읽고 외우면 점수가 잘 나오는데 그쪽은 아닙니다. 자기가 알아서 해야 해요. 처음에는 적응이 안 되더라고요. 한동안 평점도 무척 안 좋았습니다. 결국 대학원 박사 과정 자격시험에 한 번 떨어지게 돼요. 보통은 2년 정도 공부하고, 잘하는 경우는 1년 반 하고 시험 봐요. 여기에 합격해야 박사 과정을 밟고 논문을 쓸 수 있습니다.

그런데 제가 여기서 떨어진 거예요. 기회가 계속 있는 것도 아니어서 두 번 떨어지면 짐 싸서 나가야 합니다. 정말 가차 없어요. 눈앞이 깜깜하더군요. 당시 짐 싸서 다른 학교로 옮겨가는 선배를 옆에서 지켜보자니 '와, 여기는 정말 무섭구나.' 할 수밖에 없는 거죠. 크게 충격을 받았습니다.

그때 옆에서 아내가 큰 힘이 되어주고 많은 도움을 주었어요. 저를 계속해서 믿고 밀어줬지요. 시험에 떨어지고 상심하는 나를 보더니 책장을 새로 사줬습니다. 가난한 유학생의 빠듯한 살림에 큰 결심이었어요. 당시 제 아내는 보모로 일했습니다. 아이들 기저귀 갈고 하면서 받은 돈으로 마련한 겁니다. 책을 보관할 곳이 마땅치 않기는 했어요. 제가 욕심이 많아서 책을 무척 많이 샀었거든요. 물론 새 책은 부담이 되니 주로 헌책을 구입했습니다. 한국에서 도저히 구할 수 없었던 희귀본도 많았습니다. 핵공학 서적들을 구해다가 집 한구석에 쌓아두었는데 드디어 책장에 꽂아 넣을 수 있었던 겁니다. 그래서 용기를 얻었죠. 책장째 짐을 싸지 않기 위해서라도 다음번에는 무조건 붙어야겠다고 다짐했습니다. 다행히 두 번째 시험에는 붙었어요.

시험이 보통 까다로운 게 아니었어요. 그냥 문제 하나 던져주고 알아서 풀라는 식이거든요. 한국에서 배운 방식으로는 도저히 답을 낼 수가 없습니다. 그래서 저뿐만이 아니라 한국에서 온 유학생들이 많이들 고전했습니다.

당시 국비 유학생이라고 해서 나라에서 학비를 지원받아 온 학생들이 미국에 많았어요. 전공도 다양해서 저같이 원자력공학 전공자도 있었고 기계공학, 조선해양공학 등을 그곳에서 배웠습니다. 국비 유학생 선발도 시험으로 정합니다. 한국에서 미국으로 오려면 시험이라는 관문을 연속으로 통과해야 했어요.

앞서도 말씀드렸지만 제가 선발 시험에 응시했을 때가 1980년이었습니다. 당시 원자력공학 전공자는 안 뽑는다는 이야기를 들었는데도 굳이 시험장에 들어갔습니다. 달리 방법이 없었어요. 가난한 대학생이었던 저로서는 자비로는 도저히 유학 갈 형편이 안 되었으니까요.

면접 때 한양대학교 육종철 교수께서 제게 영어 질문을 했습니다. "자네, 대학에 가면 어떤 일을 하고 싶은지 한번 영어로 대답해보게." 하시더군요. 긴장하긴 했지만 그리 어렵지는 않아서 대답이 그냥 술술 나왔습니다. 나중에 제가 국비 유학생 선발 시험에 수석 합격했다는 사실을 알았습니다. 아마도 영어 점수를 꽤 잘 받았던 모양입니다.

합격 사실도 요즘처럼 휴대전화나 이메일로 알려주지 않았고 직접 교육부, 당시는 문교부라고 했지요. 그곳에 가서 명단을 확인했습니다. 영 자신이 없어서 동생을 대신 보냈죠. 공중전화로 동생이 합격 사실을 알려주더군요. "형이 붙었어!" 하는 전화를 받고 처음에는 믿을 수가 없었습니다. 저는 몇 번이고 "정말?"을 외치며 그야말로 방방 뛰었죠.

그러던 중에 어떻게 알았는지 하버드대학교에서도 의사를 타진해왔어요. 그곳에는 핵공학과는 없지만 'Managing the Atom'이라는 전공이 벨퍼 연구소에 있습니다. 그곳 담당 교수인 존 홀드렌 박사는 나중에 미국 오바마 행정부 과학기술 자문위원장도 했는데요. 그만큼 인지도가 높았어요. 하지만 애초부터 MIT에 꽂혀 있었기에 다른 결정을 할 수는 없었습니다. MIT에서 석박사를 하고 나중에 또 하버드에 들락날락했어요. 두 학교는 지하철로 두 정거장이니 금방 왔다 갔다 할 수 있었죠.

제 신혼집이 '하버드 광장' 가까이 있었어요. 첫해 겨울 눈이 많이 왔었던 게 기억납니다. 엄청난 폭설로 주차 시킨 차가 안 보일 정도였어요. 미국에서는 차가 없으면 움직일 수가 없습니다. 그래서 중고차를 하나 장만했는데 눈이 쌓여서 차량 안테나만 겨우 보이는 거예요. 그래서 하버드역까지 걸어갔습니다.

그 거리에 정말 예쁜 가게들이 많았어요. 없는 게 없었습니다. 아기자기한 카페와 프랑스 빵집이 있었고 거기서 처음으로 크루아상이라는 걸 먹어봤어요. 오렌지 주스가 이렇게 맛있을 수 있다는 걸 처음 알았죠. 카페오레라고 요즘 말로 '라테'죠. 이것도 그때 처음 맛보았습니다. 그러니까 밀크커피라는 뜻인데 이걸 마시면서 머릿속으로는 아인슈타인의 저 유명한 공식 $E = MC^2$을 떠올렸어요. 에너지는 질량 곱하기 광속의 제곱이죠. 공교롭게도 밀크커피(milk coffee)도 MC니까 에너지는 밀크커피 두 잔인가 보다, 하고 생각하며 실없이 웃었습니다. 그때부터 이미 저는 아인슈타인의 화신이었습니다.

제 눈에는 오로지 핵만 보였습니다. 제가 배운 학문이 돈이 안 되더라도 상관없다고 생각했습니다. 다만, 우리나라로 돌아가서 우리가 핵무기를 만드는 데 역할을 하고 싶었습니다. 이런 건 돈으로 따질 수 없는 가치였어요. 당시 제 가치관으로는 그랬습니다. 그래서였을까요, 정말 열심히 일했지만 돈은 안 따라오더라고요. 그래도 후회는 없습니다.

혹자들은 핵 개발이야말로 엄청난 돈이 들어가는 분야가 아니냐고 묻습니다. 맞습니다. 핵 개발은 개인이나 기업이 손댈 수 없어요. 국가 차원의 사업이에요. 웬만한 나라는 돈이 없어서 못합니다. 하지만 풍부한 자금은 공학자 개인과는 별개예요. 딴맘먹지 않고 연구 개발에 매진하는 사람이 어떻게 돈을 벌겠습니까. 물론 좋은 대우를 받을 수는 있겠지만, 첨단 기술로 돈을 버는 다른 분야와는 다르다고 할 수 있습니다.

핵 기술 자체는 그리 어렵지가 않아요. 자금과 인력만 있으면 됩니다. 그래서 제가 몇 번 하다 보니 안목이 생겼어요. 1조 원이면 이 정도까지, 5000억 원이면 여기까지 할 수 있겠다 싶은 게 있습니다. 필요한 인력도 가늠이 돼요. 정예 인력 12명에서 50명이면 되고 여기에 기술자 250명 정도면 히로시마급 핵폭탄을 하나 만들 수 있겠다, 이런 식의 계산이 서는 거예요. 물론 기술은 계속 변하고 있으니 제 추정이 정확하다고는 할 수 없겠지만, 자금과 인력이 있으면 가능한 일이라는 말씀을 드리는 겁니다.

그래서 저는 사람들 만나면 조금 과장해서 이렇게 말해요. MIT 대학원생이 차고에서 만들 수 있는 그런 기술이다, 하고 말이죠.

이미 다 공개되어 있는 단순한 기술이기 때문입니다. 그런데 이걸 다들 무슨 큰 비밀로 알아요. 외려 저를 사기꾼 취급합니다. '정말 그렇게 간단하게 핵무기를 만든다고?' 하면서 말입니다.

핵무기 기술은 굉장히 오래됐어요. 원료가 되는 물질만 구하면 만드는 일은 어렵지 않아요. 심지어 요즘은 그런 핵물질을 인터넷으로 사고팝니다. 물론 핵탄두를 만들 정도의 양은 아니지만, 이론적으로는 4kg가량의 핵물질을 확보하면 만들 수는 있어요. 원리는 간단합니다. 그만큼 핵 기술이 보편화되었다는 말씀을 드리는 겁니다.

다시 유학생 시절로 돌아오자면, 제가 그렇게 MIT에서 핵공학을 전공해서 박사 학위까지 취득합니다. MIT는 조금 특별해서 전공에 따라 'ScD' 즉, 과학 박사(Science Doctor)를 주거든요. 그런데 저는 굳이 'PhD(Philosophy Doctor)'를 선택했습니다. 여기서 'Philosophy'가 붙었다고 해서 '철학 박사'로 해석하지는 않습니다. 일반적으로 박사를 호칭하는 말이에요. 그래도 저는 나름대로 여기에 의미를 두었어요. '모든 학문은 철학으로 통한다.' 바로 제 생각이 그랬습니다. 세상에는 다양한 학문이 있지만 궁극적으로는 철학과 만나지 않나, 공학이든 문학이든 법학이든 의학이든 결국 그 끝에 철학이 있다고 보거든요. 그래서 핵공학을 연구하면서도 항상 인문학적인 고민을 갖고 있었습니다.

6

가을의 전설

1981년 뉴잉글랜드에 가을이 왔어요. 내가 하고 있는 일이 어떤 의미가 있는지, 순수한 학문을 연구하는 사람으로서의 마음가짐과 핵 개발이라는 아주 현실적인 문제에 이르기까지 참 많은 생각을 하게 되었습니다. 그러면서 학문이라는 게 만만치 않다고 느꼈습니다. 생각만큼 달콤하지가 않더군요. 굉장히 매웠습니다. 그때 깨달았어요. '그렇구나, 배움이란 이렇게 지독한 거구나, 독하게 해야 하는 거구나, 난 아직 아무것도 모르고 있었구나.'

한국에서와는 사뭇 다른 분위기도 있었습니다. 노벨상 수상자들이 복도에서 걸어 다니니까요. 그런 분들의 어떤 경지랄까, 면모를 느끼면서 내가 얼마나 노력해야 하는지를 깨달았습니다. 배움의 방식, 시험 등 모든 게 너무 낯설었어요. 막막했습니다. '이런 걸 한번 만들어보지, 이럴 때 이런 조건 만족시키는지 한번 알아보지.' 이런 식이에요. 주어진 답도 없고, 모든 게 새로운 거예요. 어찌 보면 배움 자체가 도전인 거예요. 접근이 우리와는 다릅니다.

게다가 저는 학교생활뿐만 아니라 가정도 생각했어야 했습니

51

다. 아시다시피 결혼한 지 얼마 안 되어 미국 생활에 정착하려다 보니 여러모로 힘에 부쳤습니다. 저야 학교에 나와 있지만, 아내는 집에서 저를 기다리고 있었으니까요. 그 생각을 하면 자꾸 마음이 쓰였습니다. 이런저런 부담감이 온전히 공부에 전념하기 어렵게 했습니다. 다행히 한 학기쯤 지나니 나아지더군요. 미국의 학기는 9월 첫 주에 시작해서 11월 말이면 끝납니다. 그리고 나면 근 한 달간 크리스마스 시즌이에요. 그렇게 한 학기가 끝나고 1982년 1월쯤 되니까 이제 정신이 좀 들어요.

MIT에 가면 건물에서 벌써 압도당해요. 거대한 돔과 이를 떠받치고 있는 기둥들, 입구만 해도 높이가 5~6m에 이릅니다. 오래전 지어진 거대한 출입문을 지나서 강의실에 들어갑니다. 복도도 우리 대학과는 규모가 달라요. 500~600m에 이르는 길이 눈앞에 쭉 펼쳐집니다. 환경이 주는 위압감이랄까, 여기에 익숙해지기까지 시간이 걸렸습니다. 의사소통도 쉽지는 않았어요. 앞서 제가 영어에 소질이 있다고 말씀드렸습니다만, 실전은 또 다른 문제였습니다. 진짜 영어가 무엇인지 거기서 다시 배웠어요.

전공과목도 상당한 집중을 요구했습니다. 다른 학문은 어떨지 모르겠습니다만 핵공학은 정말 치밀한 두뇌 능력이 필요합니다. 명석하고 날카로운 판단력 그리고 수학 능력이 없으면 접근하기가 어려워요. 제가 원래 인문학에 관심이 많고 또 그쪽을 선망하긴 했습니다만, 여기는 완전히 다른 세상인 거예요. 숫자와 논리로 이루어진 세상이랄까요. 시를 좋아하는 제 감성은 잠시 뒷전에 미루고 엄밀하고 정확한 공학도로서 그 앞에 서야 했습니다. 핵이라고 하는 학문을 그렇게 만난 거예요.

교수님들 심지어 조교들하고도 서로 부대끼면서 핵을 공부하는데, 전부가 논리예요. '수식만으로 이렇게까지 논리가 전개되는구나.' 싶었습니다. 그런데 제가 수학을 그렇게 잘하지는 못했거든요. 이해를 못 하니까 어쩔 수 없이 다시 수학책을 뒤져 가면서 공부했습니다. 한국에서 학교 다닐 때는 미분, 적분 개념만 배우고 응용문제를 풀면 끝이었지만, 거기서는 뉴턴, 라이프치히 같은 수학자들이 이 개념을 어떻게 고안했는지부터 시작해요.

시간이 오래 걸리지만 그만큼 기본이 탄탄해지는 거죠. 그러니까 저로서는 수학책을 첫 페이지부터 다시 읽기 시작한 셈이에요. 중고등학생들도 아는 개념들, 이를테면 피타고라스의 정리나 원주율 같은 것도 원리부터 다시 익혔습니다. 그렇게 기본을 다시 배운 후에 비로소 핵에 관해 접근할 수 있었어요.

핵공학이라는 게 그만큼 독한 학문이었던 것 같습니다. 핵이 색즉시공의 세계라면 왜 그런지, 이걸 수식으로 풀어야 하는 거예요. 그러면서 왜 여기 텅 빈 공간인 블랙홀이 존재하는지, 왜 암흑물질이 있고 반물질과 반에너지가 있는지, 하나하나 따져가는 거죠. 이런 논리를 전개하려면 반드시 수학이 필요했어요.

공부를 하면서 처음 가졌던 자신감은 온데간데없이 사라졌습니다. 알수록 오그라드는 기분, 마치 내가 핵처럼 작아지는 기분이었어요. 그래도 정신을 차리고 차근차근 과제를 해결해나가다 보니 조금씩 성과가 나왔습니다. 나중에는 연구 성과물로 장학금도 받고 간혹 강의 장학금도 받았습니다. 그러면서 정신적으로나 물질적으로 여유가 생겼어요.

늘 힘들기만 했던 것은 아닙니다. 유학 시절 즐거웠던 기억도 있어요. 저는 어느 곳이든 그곳 문화와 자연에 관심이 많습니다. 그래서 없는 시간을 쪼개서 틈틈이 여행을 다녔어요. 중고차를 하나 장만해서 제법 멀리까지 갔죠. 돈이 아까워서 모텔에는 못 가고 자동차에서 숙박을 해결했습니다. 요즘은 그걸 '차박'이라고 하지요. 철이 없었다고 할까, 조금 무모하기는 했죠. 그러다 실제로 한번은 위험한 일도 겪었습니다.

한번은 벚꽃놀이를 보려고 가족과 함께 워싱턴에 갔습니다. 보스턴에서 워싱턴까지는 직선거리로 약 800km, 휴게소 맥도날드 한 번 들르고 10시간쯤 걸렸어요. 구경을 마치고는 잠도 안 자고 다음 날 새벽 바로 운전대를 잡았어요. 숙박비도 아끼고 시간도 벌고 싶었던 거죠, 바로 다음 주에 전공 시험이 있었던 터라. 그런데 갑자기 정신이 혼미해지더군요. 무리를 했던 겁니다. 판단 능력을 상실해서 지금 제가 어디로 가는지, 얼마나 빠르게 가는지 알 수가 없어요. 멈춰야 한다는 걸 알지만 브레이크를 밟지 못했습니다.

그렇게 계속 한 시간쯤을 정신없이 가다가 볼티모어 지역 어느 마을에 도착했습니다. 그곳 맥도날드에서 음식을 구해 와서 먹고는 차 안에서 잠이 들었습니다. 그런데 하필이면 그곳이 불량배들이 많은 곳이었어요. 나중에 알고 봤더니 범죄가 자주 일어나는 지역이라고 하더군요. 다행히 피해를 보지는 않았지만 지금 생각해도 몹시 위험한 행동이었어요. 저만 있는 것도 아니고 가족과 함께 여행하면서 말이에요.

실제로 미국에서 강도를 당한 선배들 이야기를 많이 들었습니다. 그분들 하시는 말씀이 만약 강도가 돈을 요구하면 그냥 주래요. 뒤돌아보지도 말고 원하는 대로 해주라고 충고합니다. 목숨이 우선이니까요. 돈이든 시계든 내놓고 가라고 합니다. 그만큼 안전에 조심하라는 말이었던 것 같아요. 어쨌든 그런 생활을 하면서 공부를 했어요. 그런데 이때만 해도 제 공부는 핵무기와 무관했습니다. 우리나라도 언젠가는 핵무기를 가져야겠다고 생각하고는 있었지만 그건 아주 먼 일이었어요. 그러다가 우연히 일본의 고속증식로를 알게 됩니다.

당시에 '몬주'라는, 우리말로 '문수' 보살이라는 이름을 가진 일본의 고속증식로가 있었습니다. 고속증식로라는 게 중성자로 우라늄238을 플루토늄239로 바꾸는 거예요. 이러면 핵분열로 소비되는 것보다 새로 생기는 양이 더 많아집니다. 연료를 스스로 만들어내는 셈이죠.

당시 제 논문을 지도해주셨던 닐 토드리어스 교수께서 이를 연구하는 과제를 따 와요. 그런데 들여다보니까 문제가 많아요. 냉각 장치 계통에 액체 나트륨을 쓰는데 안전성이 떨어져요. 그래서 이런 내용들을 가지고 제가 석사 논문을 썼습니다. 실제로 이 원자로는 사고가 빈번하다가 2018년도에 결국 폐로가 결정됩니다. 폐로 예상 비용만 30년간 3조 8000억 원에 이른다고 하죠.

논문을 쓰면서 액체 금속, 그러니까 수은 같은 형태의 금속이 움직이는 방식을 연구해서 수치 방정식을 만들면서 수학을 조금씩 깨우쳐 나갑니다. 그렇게 석사 과정을 거치면서 한 단계 성장할 수 있었어요. 박사 과정에 입문하고는 논문을 썼어요. 그러면서 가슴 한편에 품었던 핵무기에 관한 생각도 접었습니다. 이 땅에서는 절대 그 기술을 배울 수 없다는 걸 알았기 때문이에요. 우리나라 기업 쪽으로 기술이 유입되어 경쟁력을 키우기 전에 미리 억제하는 거죠. 전자공학만 하더라도 한국 학생을 안 받거든요. 핵 관련 지식도 그랬습니다. 무기 쪽으로는 전혀 발을 들일 수가 없었어요. 당연히 제 논문 주제도 그쪽으로는 못 잡을 거로 생각했습니다.

그런데 어찌어찌하다가 제 석사 지도교수님이 저를 특별히 당신 스승께 소개시켜주셨어요. 워렌 로제나우 교수님이셨는데 이분도 토드리어스 교수님처럼 유대인이셨지요. 핵 분야에서도 유대인들의 막강한 실력을 체감할 수 있었습니다. 그래서 오늘날

이스라엘이 핵강국으로 우뚝 선 걸 알겠어요. 그분께 제 관심사를 말씀드렸더니, 논문 주제로는 어렵지만 대신 다른 방법이 있다고 해요. '특수문제'라는 게 있는데 이걸로 한두 학기 정도 연구를 해보자고 해요. 학위까지 가진 않지만 전문 과정을 한두 학기에 축약해서 연구하는 거예요. 그러면서 그분한테 배운 게 핵무기 관련 유체역학이었습니다.

유체역학이라 하니 좀 추상적이랄까, 막연하게 들리시죠? 저도 처음엔 그랬어요. 핵폭탄을 초강력하게 만들려면 이러한 학문에 대한 깊은 조예가 필요합니다. 사이비 전문가들은 우라늄을 농축하고, 플루토늄을 추출하는 것만 모호하게 얘기하고 다니죠. 이건 식자재에 지나지 않아요. 어떻게 조리하느냐에 따라 '슈퍼'탄이 될 수도, '오발'탄이 될 수도 있지요. 그만큼 주방장이 중요해요. 그래야 맛집으로 입소문 타게 되죠. 농축과 추출이 육체 노동이라면 내폭과 설계는 정신 노동이랄까요. 아무튼 특수문제나마 기계공학과에서 풀어볼 수 있었던 것은 제겐 뜻밖의 행운이었죠. 그땐 큰 뜻을 품었더랬어요, 나라가 부르고 겨레가 찾으면 불새가 되어서라도 날아가겠다고요.

6

핵무기 특수문제

핵무기 만드는 데 쓰이는 요체 기술 중 유체역학이 있습니다. 당시 그분 연세가 벌써 여든을 넘기셨는데도 여전히 정정하셨어요. 정년퇴직하고도 연구실을 그대로 썼습니다. 아마도 종신 교수쯤 되지 않았나 싶은데요. 목이 많이 안 좋으셔서 지금으로 치면 후두염이나 후두암으로 돌아가신 걸로 알고 있습니다. 당시에도 건강이 안 좋으셨지요.

이분이 처음부터 끝까지 종이 한 장에 방정식으로 원리를 설명해줍니다. 이건 이렇고, 저건 이렇고 하는데, 놀랍기도 하고 어렵기도 했어요. 그걸 받아다가 일주일 동안 끙끙댑니다. '선생님이 무슨 말씀을 하셨지?', '이건 숫자가 조금 틀렸네.' 하면서 공부했습니다. 당시 내용은 간단했어요. 원자탄에서 내폭(implosion)이 일어나면 자몽만 한 플루토늄 덩어리가 압력을 받아 자두만큼 작아집니다. 이때 핵분열을 시작할 수 있도록 중성자를 쏴주면 된다는 거였어요. 물론 그걸 현실에서 실행시키려면 여러 가지 기제가 필요하지만 중요한 건 그 과정을 이해하는 것이었습니다. 그렇게 한두 문제씩 '특수문제'를 풀다 보니 감이 잡히기 시작하더군요.

그럼 어느 정도 압력을 가해야 핵분열이 가능한 질량으로 만들 수 있느냐, 계산을 해보았습니다. 플루토늄 덩어리의 형태와 구조를 분석해보니, 30만 기압 정도로 압력을 가했을 때 딱 자두만 한 크기로 줄어들어요. 이때의 질량이 바로 임계 질량, 즉 핵분열을 할 수 있는 최소한의 질량이 됩니다. 계산하니까 정말 그 수치가 나오더라고요. 그걸 한국인 최초로 알게 된 겁니다.

'30만 기압'이 어느 정도인지 실감이 잘 안 날 수도 있으니 비유를 한번 해보겠습니다. 코끼리 무게가 보통 6t쯤 나가지요. 인도 코끼리보다 아프리카 코끼리가 더 무거워요. 어쨌든 이 코끼리 50만 마리가 위에서 동시에 누른다고 상상해보세요. 1000만분의 1초 동안 한 치의 오차도 없이 입체각 360도로 말입니다. 정확한 구 모양을 유지하면서 말이죠.

이런 압력을 만들 방법이 뭘까, 고민했습니다. 스승님께 물어보니 "재래식 폭탄이지, 뭐." 하세요. 그러니까 삼질화톨루엔(TNT) 폭약을 써서 이때 폭발하는 압력으로 꽉 눌러주는 겁니다. 과거에는 이런 폭발 압력 장치가 상당히 컸는데 지금은 소형화, 경량화되어 거의 축구공만 한 크기로 만들 수 있으니 놀라운 발전이죠.

이후로 다시 원자로 연구를 했습니다. 사실 핵무기와 원자로는 원리가 같아요. 핵분열로 에너지를 얻는 것이니까요. 앞서 몬주 원자로를 다시 살펴보았습니다. 교수님이 연구비를 두둑하게 확보한 상황이기도 해서 저도 거기서 연구 장학금을 받으면서 공부했습니다. 몬주 원자로가 사고가 나지 않으려면 어떻게 해야 할지를 연구했어요. 유체역학 관점에서 핵분열로 발생한 엄청난 에너지를 안전하게 순환시킬 방법을 찾았습니다.

그래서 제 박사 학위 자체는 자연 순환에 관한 것이었어요. 유체가 뜨거워지면 올라가고, 차가워지면 내려오는 자연스러운 현상입니다. 그러면서 서로 순환하지요. 이 원리는 요즘 말하는 소형모듈원자로(SMR)에도 적용됩니다. 핵 잠수함이나 항공모함 등에서 사용하고 있지요. 당시로서는 무척 앞서나가는 기술이었어요. 물론 한계가 있다는 것도 지금은 잘 알고 있습니다.

석박사 과정을 미국에서 거치면서 많은 것을 배웠습니다. 그러면서 한편으로는 미국 학자들이 핵을 대하는 태도가 저와는 아주 다르다고 느꼈어요. 어떤 가치관이랄까요, 이 부분이 조금 아쉬웠습니다. 왜냐하면 이분들은 '핵'이라는 주제에 관해 가치중립적이랄까요, 매우 건조하게 다루었어요. 자신들이 하는 일에 감정이 없습니다. 그냥 숫자 자체로 여기는 듯했어요. 핵을 단순히 에너지의 문제로 보고, 무기로 봅니다. 핵공학을 당면 과제이자 하나의 사업으로 파악해요. 학문을 대하는 동서양의 태도 차이일 수도 있겠습니다.

그때부터 핵 바깥을 보기 시작했습니다. 핵 개발이 누구에게

이로운지, 인류에 어떤 영향을 미칠지가 화두로 떠올랐습니다. 그렇지 않으면 핵이 우리 모두에게 재앙이 되겠다는 위기감이 든 거예요. '비록 내가 중요한 지식을 이곳에서 얻었고 소중한 경험을 했지만 그게 다는 아니다. 나는 나대로 인문학의 길을 가야겠다'고 생각했습니다. 어쩌면 그때 그동안 저를 가르쳤던 스승들과 결별한 거죠. 제가 오랫동안 품었던 핵무기 개발의 꿈도 다시 보이기 시작했어요. '이게 맞나? 핵 개발이 이런 식으로 이루어져도 되나?' 그런 생각을 하게 됐던 거죠.

주변 사람들과 대화하면서 그런 생각이 더 깊어졌습니다. 영어도 능숙해져서 사람들과 충분히 의견을 나눌 수가 있었습니다. 당시 주변 교수들이 굉장히 고급스런 동네에 살았어요. 친분이 생기다 보니 가끔 파티에 초대를 받아서 갑니다. 우리나라처럼 모여서 회식하거나 그런 문화가 아니라 친한 사람들끼리 각자 집에서 모여서 이야기하고 식사하는 거예요. 포도주에 안줏거리 정도 두고 담소를 나눕니다. 조금 규모가 있다 싶으면 바베큐 파티 정도 하죠. 우리와는 문화가 달라요. 음식만 해도 우리는 풍성하게 차리잖아요. 한국에서 오래 살다 온 사람들은 한마디로 정이 안 간다고들 해요. 심지어 다들 이공계 사람들인 데다 전공도 핵공학이다 보니 분위기가 건조하기 이를 데 없습니다. 요즘 인공지능 수준으로 대화도 딱딱해요. 사람도 그렇고 문화도 그렇고 전반적으로 학문을 기계적으로 하는 느낌까지 들더군요. 그럴수록 나만의 철학을 갖춰야겠다고 생각했어요. 결국 미국을 떠나서 프랑스 파리로 갑니다. 그때가 1986년 12월 27일이에요. 그 이듬해에 박사 학위수여식이 있긴 했지만 논문은 이미 승인을 받은 상태였고요.

당시 박사 논문은 구두 발표로 하는데 지금은 파일로 만들잖아요. 그때는 직접 슬라이드 필름을 만들어 발표를 했습니다. 몇 차례 수정을 거쳐 완성된 박사 논문을 보시더니 제 지도교수님이 이 정도면 괜찮다면서 1987년 기계공학회 행사 때 발표하자고 해요. 당시 기계공학학회는 핵공학학회보다 규모가 10배는 되는 큰 학회였습니다. 그렇게 논문을 만들고 아내와 함께 파리행 비행기에 몸을 실었어요. 그래서 학위수여식 때는 그 자리에 없었습니다. 보통 MIT는 특유의 자주색 학위복을 입고 행사를 합니다. 그걸 입을 기회를 포기한 거예요.

박사 논문을 쓰면서는 거의 한 달을 잠도 자지 않고 준비한 적도 있었습니다. 지금 생각해보면 무모하기도 했지만 몸을 불사르던 시절이었습니다. 덕분에 나름대로 꿈을 이루고 최첨단 학문의 정점에 섰죠. 그런데 막상 박사 학위를 받았을 때는 의외로 담담하더군요. 아마도 그동안 기울였던 노력이 생각나기도 하고 이제 무엇을 해야 하나 막막한 기분도 들고 그랬던 거 같아요.

박사 논문 쓸 때 아내와 아들이 애를 많이 썼습니다. 연구한 내용과 자료집에 있는 것들을 죄다 정리해야잖아요. 그림도 그리고 표도 만들어야죠. 지금이야 랩탑 컴퓨터 하나면 되지만 당시만 해도 손으로 타자 치는 것 자체가 일이었습니다. 어렵게 어렵게 타자기를 구해서 아내가 한 일주일 밤을 새워가며 원본을 뜹니다. 지도교수께 가져가면 싹 다 바꿔요. 그러면 또 처음부터 다시 작업을 해야 해요. 지금처럼 파일을 손보는 방식이 아니잖아요. 인쇄된 종이에 표시된 수정 사항을 참고해서 새로 쓰는 겁니다. 그렇게 일주일 동안 수정하고 들고 가서 또 고치고 수정하기를 반복했습니다.

마지막에는 실험 자료를 다시 고쳐야 했습니다. 그러니까 실험을 다시 해서 데이터를 확인해야 하는 거예요. 당시 기계공학과 건물 지하실에 실험실이 있었습니다. 춥고 눈이 많은 동네다 보니까 발이 푹푹 빠지는 눈길을 뚫고 가야 합니다. 게다가 아이를 돌볼 사람도 따로 없잖아요. 아들을 카트라는 작은 오래된 수레 같은 데 태워서 갑니다. 실험실에 도착하면 물을 끓이고 증류수를 만들고 하면서 실험을 하죠. 그러는 동안 아내와 아들은 한참을 기다립니다. 뭐라도 먹어야 하니 김밥도 싸 와서 그 안에서 배고픔을 달랬어요.

그렇게 얻은 결과를 정리해서 수치를 확인하는데 이게 또 일일이 손으로 계산해야 합니다. 시간이 한참 걸리죠. 며칠 동안 실험실에서 그걸 해요. 데이터가 정리됐다 싶으면 집으로 다시 와서 표를 만들고 도표를 그립니다. '프랑스 곡선자'도 써가면서 일

일이 손으로 하나하나 그려요. 지금 이런 말씀 드리면 사람들이 안 믿어요. 무슨 조선 시대 때 이야기하는 것 같다고 합니다. 어쨌든 그렇게 논문을 썼어요.

수정이 완료된 원고를 인쇄하고 복사해서 제본하는 것도 품이 많이 들었습니다. 인쇄소에 맡길 수도 있었지만 그때는 그럴 만한 돈이 없었습니다. 일일이 수작업을 했어요. 그걸 클립으로 일일이 묶어서 교수님 두 분의 서명을 받았습니다.

그때 아내의 도움을 말로 표현할 수는 없어요. 아들의 기다림도 정말 고마웠고요. 가족이 함께 박사 논문을 쓴 거나 다름없어요. 잠잘 시간도 없이 일했습니다. 시간을 아끼려고 옆에서 타자 치는 동안 빵 먹고, 커피 마시고 5분, 10분씩 번갈아 잠을 잤습니다. 1986년 11월부터 근 한 달간 그렇게 생활했습니다. 그리고 마침내 박사 논문을 완료하고 프랑스행 비행기를 타게 되죠.

지금은 없어진 콘티넨털이라는 저가 항공사였는데 가족과 함께 프랑스로 가는 편도 항공권을 끊었어요. 예약 취소도 안 됩니다. 비행기 안에서 마음을 독하게 먹기로 했습니다. 정말 어렵게 공부를 했으니 끝까지 한번 가보자는 심산이었어요. 그런데 엄밀히 따지면 국비 유학생으로서 규정을 위반한 셈이잖아요. 나라에서 학비를 댄 사람은 기본적으로 학위를 마치면 복귀해야 해요. 그런데 저는 프랑스로 옮겨버린 거예요. 정부에서 봐주든 말든 저는 가야 했어요. 어쩌면 제게는 태생적으로 반골 기질이 있었나 봅니다. 현실에 순응하셨던 아버지와 달리 저는 제 기준이 훨씬 중요했던 거예요. 영사관에서 한국으로 돌아오라고 으름장도 놓고 그랬는데 고집을 꺾지 않았습니다.

당시 프랑스는 미국을 능가하는 핵 선진국이었어요. 그러니 저로서는 꼭 가야만 하는 절박한 이유가 있었습니다. 게다가 미국의 핵산업은 사양길에 접어들고 있었습니다. 바로 1979년 3월에 일어난 스리마일섬 핵발전소 사고 때문입니다. 이때 핵연료가 일부 녹아내려 방사능이 유출되면서 주 정부는 인근 주민을 대피시켰죠. 공황상태에 빠지면서 10만 명이 넘는 인파가 사고 현장을 빠져나가며 미국 최악의 원전 사고로 기록되고 있습니다. 이후로 미국은 원전에 소극적으로 돌아섭니다. 더 건설하지 않고 대신 기존 원자로 출력을 늘리고 수명을 연장하면서 부족한 전력을 보충해요. 거의 원자력 불모지가 되어 가고 있었습니다. 이제 미국은 안 되겠다는 게 제 판단이었어요.

게다가 취업 문제도 걸려 있었습니다. 제가 미국에 건너갈 때 F-1 비자, 즉 학생 비자로 했으면 취업이 가능했는데 그만 실수로 J-1 비자라는 교환 비자를 발급받은 거예요. 이건 취업이 불가합니다. 그러니 어디든 다른 나라로 가야 하는 상황이긴 했어요. 그렇게 1986년 12월 27일―이날은 아내의 생일이기도 했고요―저녁 드디어 프랑스 파리행 비행기에 몸을 실었습니다. 1~2년간 교환 연구원으로 있으면서 향후 진로에 관해 생각해보자 싶

었습니다. 유럽의 숨결을 느껴보고 싶은 마음도 있었고요. 어쨌
든 여행길에 오르고 싶었습니다. 그리고 무엇보다 결혼 전 했던
약속을 지키고자 했죠. 센 강변에서 보졸레 포도주 한 잔 기울이
자고요. 아폴리네르의 시 「미라보 다리」와 함께.

6

유럽에서의 사계

현실은 늘 상상과 다르기 마련인가 봅니다. 샤를 드골 공항에서 눈을 비비며 만난 프랑스의 첫인상은 '차갑다'였습니다. 그 옛날에 프랑스 파리 하면 낭만과 예술의 도시 아니었습니까. 아름다운 샹젤리제 거리를 꿈꾸며 갔는데 막상 내려보니 움직일 수가 없습니다. 그때 지하철 파업이 있었거든요. 게다가 눈도 엄청나게 왔어요. 다행히 버스 일부 노선이 운행 중이라 숙소까지 갈 수는 있었습니다. 저로서는 낯선 도시에서 신고식을 호되게 치른 셈이에요. 집은 파리 남부의 앙토니라는 곳에 구했어요. 2주 가까이 파리의 조그만 여관에서 춥게 지냈죠. 그때 사 먹던 요플레라는 블루베리 요구르트와 크루아상과 바게트가 지금도 생각나요. 그리고 수없이 많은 치즈 종류. 우리 셋의 위는 프랑스 식단에 서서히 맞춰지기 시작했습니다.

그해 파리엔 유독 눈이 많이 왔는데, 보스턴 때도 그랬지만 우리가 눈을 몰고 다니나 보다 하고 넘어가는 수밖에 없었어요. 그때만 하더라도 파리는 대설에 무방비로 노출된 도시였어요. 고생을 사서 하나 싶으면서도 젊음 하나로 버티던 시절이었습니다.

67

하도 힘들어서 웃어넘길 힘도 다 떨어졌죠. 셋이서 타박타박 걷고, 전철과 버스 타고 하며, 그 와중에 돈 아낀다고 '카르트 오랑주'라는 할인권까지 용케 구해서 매일 출근하다시피 복덕방을 헤집고 다녔어요. 지금처럼 스마트폰 앱이 있는 시절도 아니어서 그야말로 죽을 둥 살 둥 발품을 팔고 다녔습니다.

프랑스가 워낙 외국인—특히 동양인과 아프리카 출신—을 따돌리는 나라여서 그런지, 가져오라는 서류는 왜 그리도 많은지. 지금 기억으론, 족히 20가지가 넘었어요. 학위증은 물론 1년 거주비에 해당하는 예금 잔고 등등. 다른 건 몰라도 가자마자 은행 계좌를 어떻게 만듭니까? 아무튼 37년 전 짧은 불어로 방 두 개짜리 아파트를 현지에서 구한 건 기적이라고 할 수밖에 없어요. 되는 것도 없고 안 되는 것도 없는 나라가 한국뿐인 줄 알았다가 프랑스도 그렇다는 걸 알고 씁쓸한 미소를 제 아내와 주고받았습니다.

주소는 생텍쥐페리 14번지. 우연이었을까요? 그때 제 아들 손엔 엄마·아빠가 첫돌에 선물해준 『어린 왕자』가 쥐어져 있었습니다. 작가의 이름을 딴 거리에 짐을 풀게 된 거죠. 그리고 며칠 있다 눈길을 헤치고 제가 일하기로 한 연구소를 찾아갑니다.

두 시간 거리에 있는 직장을 교외선을 타고 다녔습니다. 사실 남쪽 교외에서 북쪽 교외까지 에르으에르(RER)라는, 우리로 치면 GTX 같은 기차를 타고 다녔는데 파리 한가운데 샤틀레 레알

(Chatelet Les Halles)에서 갈아탔지요. 그곳 빵 내음은 어찌도 고소하던지 돈은 없고 시간도 없고 너무 아쉬웠어요.

가서 보니까 정말 체구도 다르고 얼굴도 다르고 특히 피부색이 저희랑 너무 다른 거예요. 제 아들과 아내는 몰라도 저는 일찌감치 동양인 차별을 경험했습니다. 일단 직장 사람들이 죄다 백인들이었으니까요. 나중에는 좀 친해지고 프랑스 말도 익숙해지면서 극복이 되긴 했지만 출근 첫날은 정말 막막하더라고요. 이곳은 우리나라로 치면 한국전력에 해당하는 국영회사의 유체공학원이었어요.

불어가 부전공임에도 불구하고 처음 한 달은 직장에서도 언어소통이 좀 어려웠어요. 그런데 아시다시피 프랑스 사회가 언어에 대해서만큼은 무척 보수적이에요. 그 후 학회 일로 몇 차례 다시 찾았을 때는 달라졌지만, 1987년 당시엔 영어를 쓰면 대꾸도안 해요. 프랑스인들은 독일인에 비해 영어에 서툴기도 하지만모국어에 대한 자존심이 대단하게 느껴졌습니다. 여담이지만 중국도 마찬가지예요. 오히려 더 하죠. 간체이긴 하지만 영어를 단한마디 남김없이 모조리 한자로 바꿉니다. 그런가 하면 엉터리영어를 남발하는 우리나 일본은 자국 언어에 관한 자부심이 훨씬 뒤떨어진다는 생각이 들어요.

프랑스 말 아니면 받아주지도 않아, 처음부터 영어를 포기하고 더듬더듬 프랑스어로 소통했습니다. 나중에는 어느 정도 알아들을 수 있었는데, 문제는 회의 시간이었습니다. 참 답답하더군요. 말 걸어주는 사람도 별로 없었습니다. 미국 공학자들이 건조했다면 이쪽 사람들은 참 정 없고 차가웠습니다. 아마도 제가 동양인이라서 더 그랬겠지요. 이런저런 이유로 미국을 떠나오긴 했지만 '여기도 아닌가.' 하는 회의가 찾아왔습니다.

그래도 포기할 수는 없잖아요. 열심히 생활을 시작했습니다. 일단 차를 구하지 않고 지하철을 이용했어요. 계속 걸어 다녔습니다. 당시 프랑스 지하철은 요즘 우리나라보다 훨씬 못했어요. 환승 구조도 어렵고 이리저리 돌아다니는 시간이 실제 지하철 타는 시간보다 훨씬 많습니다. 그렇게 한 1년쯤 지내다 보니까 도저히 안 되겠더라고요. 그리고 이때쯤 제 방랑벽이 또 꿈틀거리기 시작해요, 집시처럼. 그래서 이번에는 북쪽에 이웃한 독일 쪽을 기웃거렸습니다.

독일 중부 헤센주에 있는 하나우라는 곳이었어요. 여기가 여러분도 잘 아시는 그림 형제(Brüder Grimm)의 고향이에요. 너무도 유명한 곳이지요. 그런데 도시 자체는 무척 한적해요. 거의 세상 끝에 온 느낌이랄까, 기존에 거쳤던 도시에 비하면 오지나 다름없었습니다. 그곳 핵 재처리 공장에서 잠깐 일했어요. 한국 영사관에도 이 사실은 알리지를 못했습니다. 가뜩이나 반대를 무릅쓰고 미국에서 프랑스로 건너왔는데 또 규정을 어겨서 말썽을 일으킬 수는 없잖아요.

독일이 분단국가라는 데서 오는 심적 부담도 있었습니다. 당시 독일은 통일 전이라서 우리나라처럼 동독과 서독으로 갈라져 있었거든요. 동독이 사회주의 국가다 보니 북한과도 연결이 되어 있는 지점이 있었습니다. 그래서 잘못했다가는 동백림사건처럼 애먼 조직 사건에 엮일지도 모른다는 공포심이 있었지요.

유럽은 모두 이어져 있잖아요. 그래서 자동차나 기차, 혹은 쿠셋이라는 침대차를 타고 국경을 넘어 자유롭게, 무비자로 여행 다닐 수 있어요. 오늘은 독일 하나우에 있다가 내일은 프랑스 파리로 갈 수 있고요. 그러다 보니 사회주의 국가의 경계를 넘어가는 일도 종종 있죠. 만에 하나 잘못되어 저 같은 사람을 이런저런 이유로 엮을 수 있다는 생각이 들었어요. 베를린 장벽 가까이 가보면 동독 사람들이 쳐다보는 게 보여요. 그 정도로 가까운 거죠.

직장에서 호의를 느낄 수 없다 보니 겉도는 시간이 많았습니다. 근무가 끝나면 멀리 외곽 지역으로 구경도 가고 심지어 근무 시간 중에도 잠깐 나와서 돌아다니곤 했습니다. 지하철을 타고 퐁피두 센터에 간 적도 있었습니다. 전시관, 카페, 극장, 도서관이 있어서 볼거리도 즐길 거리도 많았어요. 건물 내부를 걸어가다가 맡은 고소한 빵 냄새는 아직도 기억납니다. 그때 우리가 리옹 역 근처 빵집에서 샀던 크루아상은 정말 세상에서 가장 맛있었던 빵이에요. 요즘도 간혹 그 시절 생각이 납니다. 리옹역에 갔을 때는 제 아들이 인기가 아주 좋아서 노숙자들도 와서 뽀뽀를

할 정도였어요. 아마도 집시로 추정되는데요. 와서 껴안는 것까지는 좋은데 그러고 나서 대놓고 막무가내로 배낭을 뒤집니다. 특히 현금 많이 가지고 다니는 동양인이 주요 대상이었어요. 우린 빈털터리인데도 말입니다. 그러니 우리 둘은 또 쳐다보며 씩 웃을 수밖에요.

그러다가 독일로 건너갔지요. 당시 직장이 지금으로 치면 핵재처리 공장쯤 됩니다. 플루토늄도 취급하고 그랬습니다. 저더러 당장 오라고 해서 갔는데 그때가 늦가을 무렵이었습니다. 숙소에서 아침을 먹고 나서면 꼭 우리나라 가을 날씨였습니다. 그곳음식이 무척 정갈했던 것으로 기억해요. 독일 사람들의 성품을 닮았달까요. 그런데 그곳에서도 오래 지내지 못했어요. 이곳도 내가 찾던 곳이 아니라는 느낌이 강하게 들었어요. 그래서 그만두고 말았지요.

지금 생각해보면 방황의 시기가 아니었나 싶어요. 대우원자력에 있을 때부터 그런 기미가 있었습니다. 어느 날 갑자기 군대에 가지를 않나, 미국에서 박사 학위를 받고 귀국은커녕 프랑스 파리로 가질 않나….

그렇게 직장에 출근하지 않은 날, 아마 제가 하이델베르크엘 갔던 것 같아요. 여기가 독일에서도 유서 깊은 대학 도시예요. 오래전 영화 〈황태자의 첫사랑〉(1954)의 무대이기도 합니다. 당시 그곳에서 전통적인 맥주 축제가 한창이었어요. 가족들과 이런저런 구경을 하다가 집으로 돌아온 기억이 납니다.

그때도 약간 위험한 사건이 있었습니다. 제 아내와 아들이랑 지하철을 탔는데 거기서 미군들이 저희를 보더니 장난을 걸어요. 제가 덩치도 작은 데다 동양인 가족들을 보니 짓궂은 마음이 들었나 봅니다. 아니면 아내의 미모에 끌렸는지도 모르죠. 그들을 피해 일찌감치 내려 버스에 올랐습니다. 그런데 이 사람들이 거기까지 따라온 거예요. 놀란 마음에 버스 뒷문으로 내려 그들을 따돌렸습니다. 아마 이런 외지에서의 낯섦과 불안, 그런 것들이 더 정착을 힘들게 했던 것 같아요. 방향성을 상실했달까요, 앞으로 어떻게 해야 할지 결심이 서질 않았습니다. 어느 곳에도 마음을 붙이지 못했어요.

한국으로 돌아갈까 하는 마음이 그때 조금 들었던 것 같습니다. 왜냐하면 당시 국력이 커지고 있었거든요. 유럽에 있는 저도 느낄 수 있었습니다. 당시가 88 서울올림픽 무렵이잖아요. 우리나라가 올림픽이라는 국제 행사를 개최할 만큼 발전한 겁니다. 당시 한국에서 지인들이 연수를 받으러 파리로 온 적이 있습니다. 이분들을 만나서 이야기를 나누다 보니 한국이 많이 달라졌구나, 하고 깨닫게 되었어요. 이러면 조만간 굳이 핵을 공부하러 미국으로 유럽으로 나가지 않아도 되겠다 싶었습니다. 실제로 한국이 핵발전소도 계속 짓고 관련 기술이 나날이 발전하고 있었잖아요.

73

솔직히 저는 그때나 지금이나 공학도로서 핵에 대해 어떤 정치적인 판단을 하지 않았어요. 다만, 그동안 길러온 핵 기술을 하나둘 폐기시키는 게 안타까웠습니다. 1988년 이후에 정권을 잡은 노태우 대통령이 비핵화를 추진해요. 정권 유지 차원으로 저는 이해하고 있습니다만, 그전에 남한에만 무려 1000기 가까운 핵무기가 있었어요. 세계 3위 규모였습니다. 이게 언론에도 보도된 사실인데 많은 분이 모르고 계세요. 비핵화를 추진하면서 모두 미국 본토로 돌아가거나 폐기됩니다. 그동안 해오던 핵무기 개발 계획도 모두 백지화해요.

말씀드렸다시피 당시만 해도 저는 '핵 = 국력'이라는 생각을 하고 있었습니다. 그러니 이후에 벌어진 일련의 비핵화 현상이 안타까울 수밖에요. 당시에는 저뿐만이 아니라 그런 생각을 가진 분들이 많았어요. 지금도 일부에서는 여전히 핵무장론을 펼치고 있지 않습니까?

그랬던 제게 조금씩 심경의 변화가 일어납니다. 이후 벌어진 세계적인 변화를 지켜보면서, 정치적 변화와 시민들의 의식 변화 등에서 핵을 달리 보아야 할 때가 되었음을 알았습니다. 그러니까 핵 자체는 변할 리가 없고요. 다만, 그걸 보는 제 생각이 변한 거예요. 그렇게 유럽에서 자리를 잡지 못한 저는 방황을 거듭하다가 결국 미국으로 돌아갑니다.

2
부

———————

핵이란

6

양날의 검

저는 오랫동안 '진짜 핵'을 찾고 있었습니다. 처음으로 저를 가슴 떨리게 했던 핵의 진면목을 만나고 싶었어요. 그래서 인류가 처음으로 핵을 만들어낸 장소를 찾아가려고 했습니다. 미국 시카고대학교 미식축구장이 바로 그 장소예요. 여기서 잠시 핵에 대해 설명드려야 할 것 같습니다. '핵'은 과연 무엇일까요?

인문학적인 접근이든 공학적인 접근이든 우리가 핵을 이해하려면 먼저 개념부터 파악해야 합니다. 우선 '원자'가 물질을 이루는 가장 작은 단위라는 것은 학교에서 배워서 알고 계실 거예요. 그런데 원자는 다시 원자핵과 전자로 나뉩니다. 비유적으로 설명드리자면, 원자는 핵과 전자로 이루어진 구름 상태예요. 특히 원자 가운데에 아주 작은 핵은 모든 물질의 '핵심'이라고 할 수 있습니다.

저희 몸을 이루는 세포에도 '핵'이 있잖습니까. 여기에 핵심적인 정보들이 담겨 있어요. 우리 인간이 신체를 이루고 활동하고 세상을 인지할 수 있는 것도 핵이 있어서 가능한 일입니다. 그런데 원자의 표피를 이루는 전자에는 바깥 물질을 밀어내는 힘이 작용해요. 만약 그런 게 없으면 물질과 물질이 겹쳐지겠죠. 우리가 신체를 통해 외부 세계를 감각할 수 있는 것도 바로 이 '밀어내는 힘' 덕분입니다.

'원자의 중심부를 이루는 입자' 이것이 바로 '핵'의 사전적 정의입니다. 세상의 물질을 이루는 핵심 요소예요. 그렇다면 우리가 일상에서 쓰는 '핵'이라는 말의 뜻은 무엇일까요? 보통 '원자력'이라고도 부르죠. 이때는 바로 핵발전소 원자로나 핵무기를 만드는 물질을 가리킵니다. 우라늄(U), 플루토늄(Pu), 토륨(Th) 이 세 가지가 여기에 속해요. 이들은 '핵연료 물질'이라고 하는데, 이들이 핵분열을 하면서 막대한 에너지를 생성합니다. 그러면서 인체에 치명적인 해를 끼치는 방사성 물질을 뿜어내요.

그리고 1942년 12월 2일 마침내 인간의 머릿속에, 수식으로만, 상상으로만 존재했던 핵이 처음으로 세상에 그 모습을 드러냅니다. 당시 언어로 인류 역사에 '원자 시대'가 열린 거예요. 당시 미국 시카고대학교 스태그 구장 지하에, 그러니까 관중석 바로 아래 스쿼시 경기장에 세계 최초의 원자로가 들어서요. 대형 천막 아래 허름한 공간에서 시험 가동식이 열립니다. 시카고 파일 1호(CP-1)로 이름 붙여진 이 원자로의 개발 주역이 바로 이탈리아계 물리학자인 엔리코 페르미였습니다. 당시 사람들은 "이탈리아 항해사가 신세계에 발을 내디뎠다"라고 표현했지요. 이 날 오후 인류에겐 원자로와 핵무기라는 양날의 칼이 손에 쥐어지게 되죠. 20세기 최대의 발명이라 할 수 있습니다.

원자로는 인위적으로 핵분열을 일으키는 장치예요. 핵분열이라는 게 뭡니까? 우라늄이나 플루토늄 같은 질량이 큰 물질의 원자핵이 중성자와 충돌하면서 둘로 쪼개지는 현상이에요. 이 과정에서 엄청난 에너지가 발생합니다. 1939년 독일 물리학자인 리제 마이트너가 최초로 발견하죠. 이분 별명이 '원자폭탄의 어머니'예요. 왜일까요? 핵분열로 발전을 할 수도 있지만, 어마어마한 폭발을 일으키는 무기가 될 수 있다는 걸 밝혀냈기 때문입니다. 당시 2차 대전이 한창이었습니다. 세계 여러 나라에서 앞다투어 핵무기 개발에 나서요. 시카고대학교에서 원자로 가동식이 열린 것도 이런 맥락입니다.

그래서 저도 시카고를 생각하고 있었는데, 이상한 일이죠. 정말 시카고에 갈 길이 생깁니다. 당시 계속해서 귀국 압박을 받고 있었습니다. 당시 문교부는 물론 고등학교 은사님까지 직접 찾아오셔서 저를 설득했어요. 어서 서울로 돌아가라고 말이에요. 여기에 숙소로 잡은 아파트에서 세를 올려달라는 요구가 있었습니다. 진퇴양난에 빠진 거예요. 어떡합니까.

그러던 차에 제 지도교수님이 웨스팅하우스 소속 회사의 선임연구원 자리를 추천해줍니다. 근데 하필 거기가 시카고 근교였어요. 면접을 보러 가야 하는데 순간 고민했습니다. 자칫 가족은 한국으로 돌아가고 저만 혼자 미국에서 떨어져서 살아야 하는 상황이 생길지도 몰랐거든요. '에라 모르겠다. 그래도 시카고 갈아.' 하는 마음으로 도박을 했습니다. '아직은 방랑이 끝나지 않았어. 만나야 해, 진짜 핵을' 하는 마음이었어요. 결국 시카고에서 입사 면접을 보고, 며칠 후 합격을 통보받습니다. 국제전화를 기다리는 시간이 어찌나 길던지요. 전자우편도 없던 때였으니까요.

다만 출국 절차가 좀 까다로웠어요. 제가 독일로 건너갔다가 다시 프랑스로 돌아온 상태였어요. 미국에서 정착하려면 다시 비자를 받아야 합니다. 미국 대사관에서 다시 인터뷰를 했어요. 이 친구들이 절 보더니 눈을 부릅뜨고 서류를 살펴보더라고요. 이유야 뻔하죠. 제가 이번에 미국으로 건너가면 아예 들어앉을 사람으로 보였던 거예요. 이전 직장이 프랑스전력공사(EdF) 산하 유체공학원이었으니까 이들이 보기에는 나름대로 고급 인력인 거예요. 우리 같으면 "어서 오세요." 했겠지만 당시 그 사람들 생각은 달랐습니다. '네가 들어오면 미국 사람 고급 일자리가 하나 없어져.' 딱 이거예요. 그래서 두 번 퇴짜를 받았습니다. 이제 어떡하나 싶었어요. 마지막으로 한 번 더 도전하기로 했습니다. 벼랑 끝에 놓인 저로서는 선택의 여지가 없었어요.

그런데 어쩐 일인지 이번에는 분위기가 다르더군요. 그것도 운이라고 해야겠죠? 영사관 담당이 '공학을 전공했네요?' 하면서 자기 부친 이야기를 해요. 아버지도 기계공학 박사님이었다면서 고개를 끄덕입니다. 그때 작은 희망이 보이더군요. 속으로 '아, 이 사람이면 저를 받아줄 수도 있겠다.' 싶었습니다. 역시나 접견 사흘 후에 비자가 발급됩니다. 기적 같은 일이었어요.

그런데 나중에 알고 보니 조건이 하나 붙었더라고요. 제 아내와 아들의 여권을 담보로 하는 것이었습니다. 제 아들이 미국에서 태어났기에 미국 시민권자였거든요. 그러니까, 일종의 가족 보증이었던 셈이에요. 크게 상관은 없었습니다. 미국에 정착한 후에 가족을 불러들이면 되니까요. 어쨌든 그래서 당당히 비자를 들고 오를리 공항으로 갑니다. 이후로 다시 미국 생활이 시작되죠.

회사가 시카고 근교에 있었는데 제법 괜찮은 곳이었어요. 미국에서 살기 좋은 소도시를 떠올릴 때 흔히 등장하는 고급 주택이 늘어선 곳이었습니다. 그렇게 해서 웨스팅하우스에서 일을 시작합니다. 기업마다 문화가 다릅니다만 그때도 실감했죠. 이전 회사들보다 무척 엄격한 분위기였어요. '무서운 핵'이라고 해야 할까요, 총대 밑에서 일하는 느낌이었습니다. 딱 총을 겨누고는 "너 이거 며칠 몇 시까지 마쳐야 해. 못하면 해고야." 예전에 트럼프 대통령이 잘 쓰던 말이죠?

회사는 평범해 보였습니다. 지역 사람들은 거기서 무슨 일을 하는지도 몰라요. 핵이 있는지조차 알지 못합니다. 미국 사람들은 핵에 관심이 없어요. 근방에 1946년에 문을 연 아곤국립연구소(ANL)도 있었고 해서 관련 산업체가 꽤 있었는데도 말이죠. 그런데 흥미롭게도, 이곳엔 하얀 사슴이 살더군요. 보통은 보기 힘든 일종의 돌연변이인데, 마치 표백이라고 한 것처럼 하얀 녀석들이 연구소 안을 어슬렁거려요. 말이 연구소지 무척 넓거든요. 미국이 큰 나라라는 걸 그때 실감했습니다. 아곤의 핵 시설이 면적만 여의도만 해요.

그래서 그쪽도 기웃거리고 하다가 앞서 말씀드린 시카고대학을 찾아갔습니다. '최초의 핵 시설'을 현장에서 꼭 보고 싶었어요. 갔더니 웬걸, 조그만 비석 하나뿐이더군요. 거기서 최초의 원자로가 나왔다는 사실을 다니는 학생도 모르고 대학 관계자도 몰라요. 원자로는 예전에 치워졌고 그 자리에 과거 역사를 기록한 비석만 덩그렇게 서 있는 걸 보고 돌아왔습니다.

웨스팅하우스에서 일한 기간이 9년쯤 되는데요, 여기서 일하면서 핵에 관해 새로운 사실을 많이 깨닫습니다. 그때 제가 연구한 원자로 모형이 사고가 난 후쿠시마 원전의 비등원자로(BWR)였습니다. 미국 동료가 미국과 한국 모형인 가압원자로(PWR)를 연구하고, 저는 비등경수로를 한 거예요. 당시 제네럴일렉트릭은 일본에서 많이 쓰는 비등원자로를 만들어서 납품했어요. 후쿠시마 원전도 제네럴일렉트릭 설계입니다.

만약 스리마일섬 핵발전소 같은 사고가 난다면 어떻게 대처해야 할지, 예방책은 무엇일지, 이런 연구를 했습니다. 보니까 후쿠시마의 경우 가장 확률이 높은 게 지진에 이은 해일이더라고요. 그러면 이건 원전 설계를 바꿀 게 아니고 일단 물만 막으면 되니까, 제방을 높게 세우는 게 낫다 싶었습니다. 그래서 그때 최소한 12m, 비용 때문에 양보한다고 해도 10m 높이로 만들어야 한다는 결론에 도달했어요.

연구 결과를 정리해서 발표하려는데 회사에서 말려요. 제가 연구한 원자로가 꼭 일본에만 있는 게 아니었거든요. 지진해일 위협이 없는 나라들로서는 괜한 비용을 지출해야 한다고 생각할 수 있다는 겁니다. 그래서 반대로 어떻게 하면 핵연료가 녹아내리는 중대 사고가 났을 때 원자로가 뚫리지 않게 할 수 있을지를 연구합니다. 기술특허를 내기 위해 퇴근 후 며칠 밤을 집에서 계산해보았어요. 그 결과로 미국 〈핵기술〉이라는 학술지에 논문 두 편을 게재합니다. 물론 회사의 승인을 받지 않았어요. 결국 그 일로 몇 달 후 해고를 당합니다. 이 두 논문이 제겐 양날의 검이자 부메랑이었던 거죠.

어쨌든 그런 인연이 있기에, 2011년도에 후쿠시마 원전에서 사고가 터졌을 때 이런저런 발언을 할 수 있었습니다. 그러다 여기저기서 고소, 고발을 당하고 말도 안 되는 억지 주장으로 공격당했긴 했지만요. 하지만 자신 있게 말씀드릴 수 있는 게, 저는 핵전문가로서 실제 핵을 개발했던 사람입니다. 당연히 기술의 한계도 알고 있어요. 지금 핵을 옹호하는 사람 중에는 사이비 전문가들이 넘쳐나요. 의견이 다를 수는 있지만 적어도 사실에 기반해야 한다고 생각합니다.

6

사고에 확률은 없다

흔히 핵을 옹호하는 사람들이 사고 '확률'을 따지잖아요. 이런 사고방식에 문제가 있다는 것도 그때 알게 되었어요. 핵에서 확률은 그저 숫자에 불과합니다. 예전에 이명박 정부 때 우리나라가 아랍에미리트에 수출한 원자로의 사고 확률이 1000만분의 1이라고 선전했어요. 원자로 한 기를 1000만 년 운전하는 동안에 한 번 사고가 날까 말까 하다는 거예요. 실제로 이를 근거로 원자력의 안전을 두둔하는 사람들이 많았습니다. 한술 더 떠 요즘엔 1억분의 1이라고들 떠들어대죠. 1억년에 한 번 꼴이라는 거죠.

하지만 그건 숫자 놀음에 불과해요. 저 같은 개발자가 초기 조건과 경계 조건과 매개 변수라는 걸 조금만 바꾸면 값이 마구 달라져요. 똑같은 원자로인데 계산 결과가 천양지차라면 이게 무슨 소용일까요? 이를테면 한쪽에선 원자로가 뚫린다는데 바로 옆에선 안 뚫린다면 누가 믿을까요? 숫자에만 몰입하다 보면 이런 우를 범하게 되는데 어정쩡한 '전문가'들은 앵무새처럼 확률이나 빈도를 따지거든요.

아무리 이런저런 근거를 들어 사고 확률이 낮다고 하면 뭐합니까. 현실에서는 이미 사고가 이어지고 있는데 말입니다. 일단 사고가 한번 나면 아무 소용이 없는 거예요. 되돌릴 수도 없고 멈출 수도 없습니다. 확률이 낮다고 후쿠시마 원전 사고가 없었던 일이 됩니까? 우리나라 원전에서는 그런 일이 일어나지 않을 거라고 확신할 수 있나요? 불가능합니다.

웨스팅하우스에서 일하면서 그걸 제가 알게 되었어요. 핵발전소야말로 위험한 물건이구나, 그렇다면 지난 세월 나를 설레게 했던 핵은 무엇일까, 하는 고민이 생겼습니다. 그러다 문득 어쩌면 내가 찾던 것이 바깥이 아닌 내 안에 있을지도 모른다는 생각이 들었습니다. 우라늄만 핵이 아니잖아요. 탄소도, 수소도, 산소도, 질소도 핵이고 내 몸을 이루는 세포 하나하나가 핵입니다. 그러니까, 내 안에 있었기에 아무리 눈을 부릅뜨고 찾아다녀도 만날 수 없었다는 사실을 알게 된 거예요. 그런 깨달음 끝에 저는 한국으로 돌아옵니다. 귀국을 결심한 계기는 두 가지였습니다.

그 무렵 제가 큰 사고를 당합니다. 아내와 함께 아들을 보러 가던 길이었습니다. 제 아들이 바이올린을 잘해서 여름 음악 캠프에 가 있었어요. 일주일에 한 번씩 만나러 갔는데 그날따라 비가 많이 왔어요. 순식간에 차가 미끄러지니까 운전 감각을 잃었죠. 고속도로에서 차가 빗길에 미끄러지면서 180도 돌아버려요. 뒤에서 따라오던 차라도 있었으면 그대로 죽을 수도 있는 상황이었습니다. 아내도 크게 당황했죠. 저는 본능적으로 위험을 느꼈습니다. 핵물리학자인 이휘소 박사도 이렇게 죽었겠구나 싶었죠. 미국에서의 운이 다하고 있다는 생각이 들었어요.

그러던 차에 한국에서 연락이 와요. 당시 한국원자력연구소에 계신 분들 상당수가 안면이 있었어요. 다들 선후배 관계였는데 이분들이 당시 원자력 산업계를 이끌고 있었습니다. 그중 박창규 실장이라는 분이 전화로 뭘 새로 만드는데 와서 도와줬으면 좋겠다고 해요. 그때쯤 되니까 솔깃한 제안으로 들렸습니다. 뭔가 제가 할 수 있는 일이 있을 거 같았어요. 그렇게 다시 한국 땅을 밟습니다.

제가 미국에서 석박사 공부를 하고 유럽으로 갔다가 다시 미국으로 돌아왔잖습니까. 시카고에서 8~9년간 일하고 나니 더 이상 핵을 찾을 곳이 없더군요. 한국행을 결심하면서 결국은 빈손으로 귀국하는 게 아닌가 하는 마음에 허탈했습니다. 오랫동안 저를 사로잡았던 질문에 대한 답을 얻지 못한 기분이었어요. 그런데 뜻밖에 우리나라에서 그걸 찾아요.

귀국하고 나서 2년쯤 후에는 대전 원자력연구소에 있었습니다. 역시나 거기서도 이방인처럼 지내면서 '핵은 내 안에 있구나, 바로 나구나. 그런데 왜 이렇게 멀리 찾아다녔지? 왜 여태까지 방황했지?' 하는 깨달음을 얻었습니다. 그러면서 나 자신을 돌아보고 내면을 살피게 되었어요. '인문핵'에 대해 또다시 생각했지요.

저는 1981년에 미국으로 떠났다가 1996년에 한국으로 돌아왔습니다. 그런데 이때가 막 북한 핵 개발 이야기가 나올 무렵이에요. 한반도가 다시 핵 문제의 한복판으로 들어가기 시작한 거예요. 마음 한구석에 자리 잡고 있던 '핵무장론'이 다시 고개를 들었습니다. '북한이 핵을 개발한다고? 그럼 우리도 해야 하는 거 아니야?' 제 역할을 고민하기 시작해요.

핵은 어떻게 쓰이느냐에 따라서 그 모습이 달라집니다. 전기를 생산하는 발전소가 되고 대량 살상 무기가 됩니다. 발전소는 핵분열 속도를 천천히 조절하고 열을 식혀가면서 터빈을 돌립니다. 하지만 이 과정을 생략하고 한 번에 터드리면 무기가 돼요. 엄청난 에너지로 주변을 순식간에 초토화시켜 버립니다.

핵은 위험한 물질이기는 하지만 자연 상태에서도 존재합니다. 이때는 거리를 두고 적당하게 모여 있어서 괜찮아요. 우리가 막연한 공포에서 벗어나려면 핵에 대해 알아야 합니다. 앞서 제가 핵이 공즉시색이라고 하지 않았습니까? 존재하기도 하고 존재하지 않기도 하는, 어찌 보면 상당히 모순된 물질인데요. 분명한 것은 우리가 눈으로 볼 수 없지만, 실재한다는 것입니다. 그러니까 열이 나고 폭발하고 그런 거 아니겠어요. 그 힘으로 우리가 전기를 밝히고 있는 것이고요. 초광학 현미경으로 보면 핵의 구조를 확인할 수 있어요.

다만, 우리가 무기나 발전 시설에 쓰이는 원료로서의 '핵'은 우라늄, 토륨, 플루토늄 같은 무거운 질량을 가진 물질의 핵을 뜻합니다. 아인슈타인의 저 유명한 공식인 '에너지=질량 곱하기 광속의 제곱'에 따르면 질량에 비례해서 에너지가 커지지 않습니까. 우라늄 같은 경우는 핵의 덩치가 커요. 불안정합니다. 탄소나 수소 같이 안정된 물질의 핵은 중성자를 쏴서 충돌시켜도 쪼개지지 않아요. 모두 핵을 가지고 있지만 핵 개발의 원료가 되지는 않는다는 뜻입니다. 단, 여기에는 이를 조절할 장치가 필요합니다. 무기라면 폭발력을 최대치로 만들 장치가 있어야겠고 발전기라면 안정성을 담보할 장치가 필요하겠죠. 바로 공학도로서 제가 연구해왔던 일입니다.

한국으로 돌아와 원자력연구소에서 일하면서도 이런 부분을 연구했어요. 스리마일섬 원전 사고를 사례로 들어 원자로 파열 원인 등을 알아보고 이를 해소할 방안들을 찾아보았습니다. 핵 시설의 문제점들을 짚어나갔어요. 그런 내용으로 논문을 쓰려는데, 어찌 된 일인지 위에서 반대를 합니다. 그때 알게 되었어요. 국책 연구소에서 순수한 핵 연구란 어렵겠구나 싶었습니다. 결과에 따라 현재 원전 시설의 안전성을 의심하게 되니까요. 그런데 말씀드렸다시피 제가 반골이잖아요. 저도 물러서지 않았죠. 그러니 이런 사람을 환영할 리 없죠. 오래 있을 수 없는 상황이었습니다. 그래서 다음으로 선택한 곳이 학교였습니다. 연구소에 2년쯤 있다가 모교인 서울대학교로 적을 옮겨요. 어쩌면 인문학적인 핵을 실천하려면 애초에 강단에 서야 했는지도 모릅니다. 늦게나마 제자리를 찾을 생각이었던 거예요.

산업 현장에 있었던 탓에 대학에 자리 잡기까지 몇 번의 도전이 필요했습니다. 학계도 인맥과 지연이 강하게 작동해서 당시 차별받던 호남 출신이었던 저로서는 쉬운 일이 아니었습니다. 두 번이나 떨어졌어요. 삼수 끝에 강단에 설 수 있었습니다. 거기서 학생들을 가르치면서 '진짜 핵'을 만났어요. 관악산에서 거의 도를 닦듯이 연구에 정진할 수 있게 된 겁니다.

서균렬 교수의 인문핵

6

핵마피아

당시 서울대학교 원자핵공학과 출신들이 한국 핵 산업계를 주름 잡고 있었습니다. 후에 비슷한 과가 많이 생겼습니다만 1990 ~2000년대까지 소위 말하는 '핵마피아'의 본산이었어요. 물론 지금도 막강한 영향력을 행사하고 있죠. 그만큼 중요한 위치에 있다고 보는 게 맞습니다. 그래서 모교로 돌아와 보니 격세지감 을 느꼈습니다.

기술적으로나 학문적으로 큰 발전이 눈에 보였습니다. 그만큼 아쉬움도 컸어요. 외형은 컸지만 안은 비었달까요, 핵심적인 부 분이 많이 취약해 보였습니다. 우리 색깔을 가진, 우리만의 무엇 이 없었어요. 학문도 기술도 전부 미국에서 들여온 수입품이었 습니다. 디자인만 조금 바꿔서 만드는 거예요. 당시에는 사람들 도 큰 문제를 느끼지 않았습니다. 현실에서 통하면 그만이니까 요. 장기적으로 보는 사람들이 별로 없었어요.

그래서 제가 늘 강조했습니다. 이러다가는 곧 한계에 부딪힌 다고요. 조금 시간이 걸리고 힘들더라도 우리 힘으로 만들어가 야 한다고 주장했어요. 계속 지적하고 훈수를 두었습니다. 이건 이렇게 해야 하고, 사소한 실수도 큰 사고로 연결될 수 있으니 안전장치를 마련해야 하고…. 그러다 보니 학계에 자꾸 적이 생겨요. 사람 마음이 그렇잖아요. 비판을 달갑게 받아들이는 사람들은 많지 않습니다. 게다가 다들 자기가 제일 합리적이고 제일 많이 안다고 생각하는 사람들이잖아요.

학교가 연구만 하면 되는 곳도 아니에요. 주류를 따라야 힘이 생기잖아요. 그래야 과제도 따오고 사업도 따옵니다. 일종의 먹이사슬처럼 인맥으로 이어진 원자력계에서 누구 하나 모난 사람이 없는 이유예요. 그런 분위기 속에서 이것저것 뜯어고치자는 말을 하니 얼마나 밉겠어요. 심지어 저 때문에 학과 망하게 생겼다는 말도 들었습니다.

제가 APR1400이라고 하는 신형 경수로 사업를 진행할 때도 똑같은 어려움을 겪었습니다. 원자로를 만들어 수출할 때까지 제가 외부 위원장직을 맡아서 했어요. 그때 강조했던 게 있습니다. 보니까 당시 우리만의 기술로 95%까지는 구축이 되어 있었어요. 여기에 딱 5%만 더하면 된다고 생각했습니다. 좀 더 노력해서 완벽하게 우리 것으로 만들자고 주장했어요. 처음에는 사람들이 반발하다가 나중에는 고개를 끄덕이는 사람이 하나둘 생겼습니다. 그런데 그때는 늦었죠. 이미 저는 위원장직에서 해촉이 된 상태였습니다.

자기 기술이 없으면 결국에는 휘둘립니다. 당장은 어쩔 수 없이 남의 기술을 베낀다 하더라도 미래에 투자해야 해요. 기술마다 특허권, 사용권, 재사용권 등이 얼기설기 엮여 있기 마련입니다. 그걸 벗어나서 완전히 독립할 수 있어야 해요. 프랑스처럼 독자적인 기술로 원전을 만들기를 바랐습니다. 그걸 간과한 나머지 지금 우리가 대가를 치르고 있죠.

2023년 4월에 웨스팅하우스에서 한국형 원전인 APR1400 원천 기술에 대해 지식재산권 침해 소송을 걸었잖아요. 한국수력원자력에서 폴란드와 협상을 벌이고 있는 와중에 그쪽 CEO가 "지식재산권을 침해한 한국 원전이 폴란드에 지어질 일은 없을 것"이라고 엄포를 놓습니다. 이게 무슨 말입니까. 돈을 더 내놓으라는 거잖아요. 개발 당시 제 말을 들었으면 이런 일은 없었을 텐데, 아쉬움이 많이 남을 수밖에 없습니다.

서울대 원자핵공학과 출신들이 우리나라 핵 정책을 결정하는 데에 많이 들어가 있어요. 싱크탱크 역할을 합니다. 정부에서도 기대를 갖고 지원을 하고 있고요. 교내에 있는 원자력정책연구센터라는 곳에서도 일정 정도 그런 역할을 하고 있습니다. 아쉬운 점도 있어요. 선배들이 우리나라 원자력 정책의 틀을 잡아 나가면서 사업자 입장에 서는 편향성을 띄었다는 점입니다. 한 나라의 정책이라는 게 꼭 산업적인 측면만 고려하는 건 아니거든요. 시민 편의성, 안전성, 환경성 등을 고루 따져야 합니다. 그럼에도 우리나라 핵 정책은 그동안 산업 진흥책이나 다름없었어요.

그러다가 망한 게 일본이에요. 핵 사고 이후 이러지도 저러지도 못하고 있잖아요. 핵폐수를 태평양 바다에 투기하면서 주변 국가에 민폐나 끼치고, 그러는 사이 국운이 서서히 기울어가고 있습니다.

그래서 한번은 제가 원자력안전위원회에 반기를 들었죠. 당시 이은철 명예교수가 위원장이었어요. 수명이 만료된 월성 1호기 원전을 두고 논란이 있을 때였습니다. 저는 계속운전하려면 그전에 해결해야 할 문제가 있다고 주장했습니다. 그러면서 이건 막아야 하고, 이것도 다시 만들어야 하고, 이쪽은 계약 체결을 다시 해야 하고…. 이렇게 일일이 지적했어요. 물론 이런 비판은 받아들여지지 않았습니다. 정부와 위원회 쪽에서 그냥 밀어붙였어요. 그러다 결국 어떻게 됐습니까. 폐쇄 결정됐다가 다시 번복했다가, 정치적 입장에 따라 혼란만 가중시키고 있잖아요.

문재인 정부 때는 후쿠시마 원전 사고 이후 세계적인 원전 감소 추세를 따르려고 했죠. 그래서 신규 원전 건설보다는 대체 에너지 육성으로 방향을 잡았습니다. 그러다 보니 이른바 '핵마피아'들의 운신 폭이 줄어들었죠. 그런데 정권이 바뀌자 다시 움직이고 있습니다.

저는 이런 문제에 대해 가급적 객관적으로 보려고 해요. 왜냐하면 저 역시 오랫동안 핵 개발을 담당해왔고 그 장단점을 두루 경험한 사람이거든요. 그래서 지금은 원전이나 재생 에너지나 두

루 사용해야 한다고 보는 편이에요. 각자 장단점이 있기 때문이에요. 에너지라는 게 우리가 생존하는 데 필수 조건이잖아요. 그런데 원자력만 에너지인가요? 신재생 에너지만 쓸 수 있나요? 아니잖아요. 균형을 맞추어 역할을 배분해야 한다고 봅니다. 문제는 일방적일 때 생겨요.

화석 연료만으로 에너지를 공급하다 보니 기후 위기가 도래합니다. 그렇다고 핵발전만 하면 문제가 해결될까요? 그리고 우리나라 현실에서 대체 에너지만으로 필요한 전력을 공급할 수 있을까요? 어려운 일이에요. 그래서 최소한 탄소 중립(실질 탄소 배출량 제로 상태)이 이루어질 때까지 화석 연료 발전을 줄이는 게 맞습니다.

핵발전소는 짓는 데 돈도 많이 들고 안전성이 담보되지 않으면 안 짓느니만 못해요. 그러니까 지금 있는 발전소를 최대한 활용하되, 서서히 대체 에너지 비율을 높이는 게 맞다고 봅니다. 이러한 에너지 정책은 정치와 무관하게 오래 지속되어야 해요. 당연히 '원자력이 답'이라는 생각이 머릿속에 가득한 사람들이 정책을 결정해서는 안 돼요. 공학이 아닌 인문적 관점에서 핵을 바라볼 수 있어야 합니다. 핵은 산업으로 끝나지 않습니다. 환경과 우리 삶에 지대한 영향을 끼치는 만큼 거시적 안목으로 정책을 결정해야 해요.

6

안핵, 처음부터 끝까지

전 1년 366일, 하루 25시간 안핵(안전한 핵)을 머리에 이고 살아왔고, 앞으로도 그럴 것입니다. 1년에 하루 더, 하루에 1시간 더, 인문핵의 이름으로.

저 같은 연구자들도 제 역할을 충분히 해야 한다고 봅니다. 우선 정확한 정보를 제공해야 하죠. 핵공학자로서 제가 늘 강조하는 것은 바로 안전성입니다. 제가 서울대 강단에 선 지 25년, 그동안 환경이 많이 바뀌었습니다. 우선 과거처럼 핵이 깨끗하고 안전하고 경제적인 에너지라는 인식이 많이 줄었어요. 그 사이에 후쿠시마 제1원전과 같은 큰 사고를 겪었고요. 반면에 환경에 관한 시민 의식은 크게 올라갔습니다.

그동안 우리나라 원자력 시설을 관리해온 곳이 한국수력원자력이라는 공공기업입니다. 그런데 2018년도에 여기서 '원자력'을 빼겠다는 안을 검토해요. 물론 아직도 명칭을 유지하고는 있습니다만, 그만큼 원자력이 부정적 이름이라는 걸 인정한 거예요. 제가 학교에 다닐 때만 해도 원자력은 인류의 미래 자체였어요. 격세지감을 느끼지 않을 수 없습니다.

저는 처음부터 줄곧 안전을 외쳐왔습니다. '안전한 핵'이야말로 제 주장의 핵심이에요. 누군가는 그걸 '반핵'이나 '탈핵'으로 이해합니다만 사실이 그렇지 않아요. 그런데 이런 주장을 사람들이 좋아하지 않아요. 탈핵을 지지하는 쪽에서는 '넌 이상해, 핵마피아 맞잖아.' 하고 그 반대편에서는 '얼마 전에 방송 출연해서 이런 말씀하시던데요?' 하면서 자기들을 비판하는 저를 의심해요.

항상 원자력을 옹호하는 사람들은 사고 확률을 따지고 안전 수치를 말하는데요. 거듭 말씀드리지만 그건 정말 무의미합니다. 만에 하나라도 사고가 나면 치명적인 위협이 됩니다. 실제로 사고가 계속 일어나고 있고요. 왜 이런 사실을 외면합니까, 그것도 과학에 근거해야 할 사람들이. 인체에 무해한 핵은 없어요. 극미량이라도 영향을 미칩니다. 아무리 운이 좋은 사람도 사고를 피해갈 수는 없어요. 그래서 대비를 하는 거예요. 우리가 운전할 때 안전벨트를 매는 이유가 뭡니까? 하물며 수많은 인류의 생명을 위협할지도 모르는 핵 시설의 안전을 소홀히 해서 되겠습니까?

오랫동안 핵을 연구한 사람으로서 저는 불완전성을 이해해야 한다고 봅니다. 핵 기술은 미완의 기술이에요. 그렇다고 해서 핵 자체를 반대하지는 않아요. 훌륭하고 좋은 기술이 우리의 삶을 풍요롭게 하는 데 쓰인다면 공학자로서 더없는 보람이잖아요. 물론 핵의 위험성 때문에 완전히 폐기하고 대안 에너지를 개발해야 한다는 주장에도 일리가 있겠지요.

　태양광, 풍력, 지열, 수력 같은 신재생 에너지는 앞으로 가능성
이 큰 분야입니다. 그렇다고 해서 원전을 버려야 한다고는 생각
하지 않아요. 핵발전은 필요합니다. 다만 안전이라는 조건이 꼭
갖춰져야 한다는 거예요. 이걸 만족시키지 못하면 국민적 공감
을 얻을 수 없어요. 필요하다면 버려야 합니다. 왜냐하면 핵은 명
백히 경제의 문제가 아니라 안전의 문제이기 때문입니다. 풍력
발전소에 사고가 났다고 해서 주변 주민들이 죽거나 암이 생기
지는 않습니다. 핵은 주변 주민들이 죽거나 암으로 죽을 수 있습
니다. 게다가 핵 위험은 한 세대에서 끝나지 않아요. 언제 끝날지
조차 모릅니다. 위험한 만큼 안전은 필수 조건이에요.

　어떻게 보면 중간자적 입장이라고 할 수도 있겠지만, 뭐라고
불러도 좋습니다. 제 의견은 어렵지 않아요. 간단합니다. 핵은 필
요하다. 하지만 위험한 만큼 안전을 보장해야 한다. 그 말을 뒤집
어 보면 어쨌든 아직은 원전이 필요하다는 말입니다. 그러니까
일각에서 말하는 반핵론자라는 말이 성립하지 않아요. 폐기할 시
설에 뭐 하러 안전을 따집니까.

　반핵으로는 한계가 있어요. 재생 에너지만으로는 당장 수요를
충족할 수 없으니까요. 그리고 기술이 발전하면 핵이 좀 더 안전
해지리라고 저는 기대합니다. 머리 위에서 우리를 비추는 태양
을 생각해보세요. 해가 빛나는 이유가 뭡니까. 바로 핵융합 때문

입니다. 그만큼 우리는 핵이라는 에너지와 가까워요. 다만 그걸 인간이 통제하고 조절할 기술이 아직은 불완전합니다. 하지만 30 년, 50년, 100년 후에는 조금 달라지지 않을까요? 정말 안전하고 깨끗한 핵에너지를 만들 때가 오지 않을까요? 반핵 입장에서는 이상적이라고 지적할 수 있겠지만 저는 아직 그런 기대를 놓지 않고 있습니다.

핵을 찬성하는 사람들은 핵 시설을 폐기하면 투자가 줄고 자기들 권력이 없어질 걸 염려합니다. 하지만 그것도 기우예요. 핵 발전은 필연적으로 폐기물을 남깁니다. 현재 기술로는 이 핵폐기물을 안전하게 저장할 수 없어요. 이 말을 뒤집으면 여기에 필요한 연구 개발이 필요하다는 뜻이에요. 그동안 핵발전소를 짓는 데 돈을 쓰고 인력을 썼다면 이제는 안전을 위해 그만한 투자가 이루어질 수 있다는 겁니다. 핵발전소 안 짓는다고 해서 원자핵공학과가 없어지는 건 아니라는 말씀을 드리고요. 그렇게 보면 저는 그저 안전주의자쯤으로 분류할 수 있겠습니다.

안전은 아무리 강조해도 지나침이 없습니다. 후쿠시마 원전 사태 이후로 경각심이 커졌습니다만, 저는 여기서 끝이 아니라는 점을 강조하고 싶어요. 후쿠시마 원자로 폭발의 직접적인 이유가 지진과 이에 따른 지진해일이었잖아요. 후쿠시마가 속한 일본 동부 지역이 태평양판이잖아요. 여기 지층이 불안정해서 계속 지진이 발생합니다. 그런데 이후로 이시카와현 노토반도에서 지진이 빈번하게 발생해요. 2024년 1월 1일에는 무려 규모 7.6의 강진이 발생합니다.

여기는 후쿠시마 반대쪽, 우리나라 동해안과 인접한 일본 서부예요. 유라시아판입니다. 대만과 우리나라가 그 위에 있어요. 대만도 최근 지진이 자주 나고 있죠. 이게 무슨 뜻입니까. 우리나라도 지진 발생 가능성이 점점 커진다는 거예요. 한국의 원전은 영광 한빛 빼고는 경주, 울산, 영덕, 울진 등 모두 동해에 인접해 있습니다. 만약 거기에 이시카와현처럼 지진이 발생한다면 어떻게 되겠습니까. 우리가 충분히 대비를 하고 있어야 합니다. 시뮬레이션을 해보고 미흡하다 싶으면 당장이라도 원전 가동을 멈추고 안전시설을 세워야 합니다.

안타깝게도 현실은 그렇지 못해요. 안전에 관한 상식적인 질문조차 외면받습니다. 정부를 비롯해서 한수원(한국수력원자력), 원자력안전위원회 같은 의사 결정 기구들이 하나같이 우리나라는 안전하다는 말만 되풀이해요. 대통령까지 나서서 "원전 업계가 전시 상황이다, 전시에 안전을 중시하는 관료적 사고를 버려야 된다"고 해요. 저는 한 나라의 대통령이 그런 식으로 말하는 건 처음 봤습니다. 관료들이야 그렇다 쳐도 어떻게 한 나라의 안전을 책임져야 할 사람이 그런 말을 할까요. 아마도 주변 참모들이 의견을 냈겠지요. 이해를 합니다. 경제가 중요하니까요. 하지만 말씀드렸다시피, 핵은 돈으로만 볼 게 아니에요. 사고로 모든 걸

잃기 전에 미리미리 대비해야 합니다. 안전이 우선이에요.

　탈핵은 핵은 절대 안 되니 버리자는 입장이잖아요. 차로 치면 폐차를 하자는 얘깁니다. 하지만 저는 조금 아직 쓸 만하다면, 주행거리가 충분하다면 고쳐서 쓰자는 거예요. 다만, 이때도 사고가 나면 안 되니까 철저하게 상태를 점검해야죠. 그러다 정말 못 쓰겠다 싶으면 당연히 폐차를 해야 하고요. 우리 삶을 풍요롭게 해야 할 핵이 거꾸로 우리를 불행하게 하는 일을 막아야죠. 지진이라는 실질적인 위협이 근거리에서 발생하고 있는데 어떻게 안전을 장담합니까. 심지어 동해안에 즐비한 노후 원전들은 작은 충격에도 사고를 일으킬 가능성이 있어요.

6

필로소피아 – 프린시피아

우리나라가 줄곧 지진 안전지대로 불렸습니다. 그런데 지금 세계적으로 이상 징후를 보이고 있어요. 바다와 지층에서 불안의 징후가 나타나고 있습니다. 우리가 발 딛고 선 유라시아판이 요동치고 있습니다. 지진이 빈번하게 일어나요. 지구가 몸살을 앓고 있어요. 유라시아판은 아닙니다만, 인도네시아 크라카타우 화산 같은 경우는 2023년에 화산재가 3km나 치솟아 오르는 거대한 폭발을 일으켰죠. 그 여파로 2m 높이의 지진해일이 덮쳐 수백 명이 죽고 이재민만 4만 명이 발생했다고 합니다.

제가 지질학 전공자는 아닙니다만, 재난 감지에 깊은 지식이 필요하지는 않습니다. 북한에서 핵시험을 하면 충격파가 감지되잖아요. 뉴스에도 나옵니다. 종파가 어떻고 횡파가 어떻고. 조금만 들여다보면 일반인들도 충분히 알 수 있어요. 자연 지진의 경우 바다에서 발생하면 충격파가 지진해일로 몰려옵니다. 후쿠시마가 그랬죠. 많은 분이 방송을 통해 지켜보았을 겁니다. 그런데 우리나라는 여기에 대비가 전혀 안 되어 있어요. 그래서 이참에 안전시설을 점검하자고 하는 겁니다. 지금까지 아무 일도 없었다고 해서 앞으로도 그럴 거라고 확신할 수 없습니다.

'안전한 핵은 어떻게 가능할까?'를 고민하면서 이를 현장에 적용해보자는 생각도 했습니다. 그래서 한때 학교에서 벤처기업을 꾸린 적이 있습니다. 2001년 12월 말에 설립 신고를 하고 이듬해 문을 열었는데 사업 내용은 3차원 가상현실 원전정보 시스템 개발, 디지털 원전공학 등이었습니다. 원자핵공학과가 있는 32동 3층이 사무실이었지요. 아내가 처음부터 끝까지 함께합니다. 보스턴에 이어 두 번째 긴 여로에 오른 거예요.

우선 그간 인문핵을 위해 해야 할 일을 여섯 가지로 나눠봤지요. 모사(simulation), 공정(optimization), 물리(physicalization), 인문(humanization), 혁신(innovation), 인공(artificialization)의 첫 글자를 조합하니 지혜(SOPHIA)가 되더군요. 그때 이미 대량정보(big data)와 인공지능(artificial intelligence)을 꿈꿨습니다. 22년 전인데 애석하게도 시대를 너무 앞서갔던 탓인지 성공하지는 못했습니다. 당시 한국전력, 한국수력원자력, 원자력연구원 등 여러 국영기관의 거센 저항과 견제에 밀려 피기도 전에 시들게 됩니다.

'필로소피아'(philosophia)는 희랍어로 좋아하다는 뜻의 'philo'와 지혜라는 뜻의 'sophia'를 붙여서 만들어진 말이잖아요. 철학을 뜻하죠. 철학이라는 이름의 이 소기업에서 한때 33명의 기술자가 땀을 흘렸어요. 그때 내세운 기술이 '가상 원전', '디지털 원전'이었어요. 일종의 슈퍼시뮬레이션 기술이었습니다. 이를 현장

103

에 응용하면 실제로 6~7년 걸리는 원전 건설 기간을 대폭 줄일 수 있을 거로 생각했습니다. 마치 운전이나 비행기 조종에서 가상현실을 이용하듯이 현장에서 있을 시행착오를 최소화할 수 있다고 봤어요.

얼마 후 본격적으로 고급 인력을 투입하기 위해 부설연구소 '프린시피아'를 만듭니다. 여러 가지 할 일을 정리했지요. 건설(construction), 종합(integration), 생산(production), 정보(information), 관리(administration)의 첫 글자를 모으고 그 앞에 일등을 뜻하는 라틴어 프린(prin)을 붙이면 '프린시피아'가 되죠. 'principia'는 라틴어로 쓰여진 1687년 아이작 뉴턴의 세 권짜리 명저 이름으로 '자연 철학의 수학적 원리'를 뜻해요. 어쨌든 좋은 이름은 다 지었습니다. 그래서 한때 작명가로 소문이 났는데 그 후 몇 군데 이름을 지어주기도 했지요.

그리고 나서 더 고급스러운 상표가 등장합니다. $E = MC^2$ 공식 하나가 아인슈타인을 말해주는 것처럼 말이에요. 그래서 전 아인슈타인의 4차원 시공간―시간과 공간은 따로가 아닌 하나다―을 뛰어넘는 '4⁺차원'을 생각해냈습니다. 이 프로그램은 서양 과학에 동양 철학을 가미한 건데, 시공 현장에 공사 기간과 건설 비용을 망라하는 나름대로 멋들어진 발상이었습니다. 영어로 '4⁺D Technology™'라 등록하고 처음엔 대학원생들과 다음엔 고급 기술자로 이 구멍가게를 꾸려나갔습니다. 강의하랴,

연구하랴, 개발하랴 하루 24시간이 부족했습니다. 아침에 압구정동 집에서 별을 보며 출근해서 밤늦게 달을 보며 서울대학교를 나오곤 했습니다. 회계와 인사 등 꼼꼼히 챙겨준 아내와, 먼 나라에서 용기를 북돋아주던 아들이 없었다면 아마 몇 년 못 갔겠지요.

이 사업은 '도면 없는 핵 설계' 소위 '무용지 공학(Paperless Engineering)'을 기치로 내걸었습니다. 이를 위해서 그 당시 한국 '표준형 원전' 설계 도면을 모두 전산화했어요. 기계 토목 부문만 약 25만 장을 모아 3차원 가상공간에 대량정보화하기로 했습니다. 현존하는 최고 사양의 초전산 도구들이 아주 많이 필요했지요. 그도 그럴 것이 대형 핵발전소는 규모가 어마어마하거든요.

이를테면 보잉747 항공기를 볼까요? 우선 부품 수만 약 10만 개에 무게가 350t이나 나가죠. 바퀴만 해도 모두 18개에 무게는 5t이나 나갑니다. 각종 배선은 길이가 160km에 달해요. 서울에서 대전까지 거리죠. 그렇다면 발전소는요? 원전은 사고가 나면 치명적인 방사선이 나오기 때문에 안전장치가 많습니다. 항공기보다 품질 검사가 까다롭고 부품 수량도 100만 개에 이르지요. 보통 두 기를 함께 짓는데 총 배선 길이가 7300km로 서울 – 부산을 무려 아홉 번이나 왔다 갔다 하는 길이에 해당합니다. 여담이지만 10년 전 신고리원전 3·4호기 위조 전선 다발 사건 기억하시나요? 그때 1142km를 걷어내야 했어요. 한반도 북쪽 끝에서

2부
핵이란

마라도까지 종단 거리가 1146km이니 규모가 어느만큼인지 실감 나실 겁니다.

항공기와 달리 핵발전소는 설계 수명이 최소 40년, 계속운전(수명연장이라고도 함)하면 60년, 80년까지 갈 수도 있어요. 따라서 설계와 시공, 준공뿐 아니라 운영, 유지, 보수 그리고 마지막 폐로(발전소 영구 정지)까지 길게는 100년의 수명 주기 전반을 100%, 그것도 4^+차원 전산화를 하려는 시도였습니다. 지금 보면 미치광이나 할 일이었을지도 몰라요. 하지만 그땐 패기 하나로 다윗과 골리앗 같은 싸움을 벌였지요. 제 사전에 실패란 없었습니다. 그래서 이 부문에서 세계 최고의 소프트웨어 회사를 수소문해 프랑스로 향했지요.

당시 마이크로소프트 빌 게이츠에 버금가는 다쏘시스템(Dassault Systemes) 베르나르 샤를레스 회장을 직접 찾아가 1억 원에서 3억 원이나 되는 카티아(CATIA) – 델미아(DELMIA) – 에노비아(ENOVIA) 등의 소프트웨어를 파격적인 조건으로 임대하게 됩니다. 다쏘와 상호 양해각서를 교환한 다음 가상 원전 건설을 전자공간에서 재현한 거예요. 그러면서 건설 기간 중 위험 요소들이랄까, 현장에서 마주칠 이런저런 돌발 변수들을 점검할 수 있게 했습니다.

말이 쉽지, 지금보다 턱없이 빈약했던 당시 전산장비로는 도박이나 다름없었습니다. 그때 불현듯 제 아명이기도 했던 '노아'

가 생각나더군요. 노아가 방주에 가족과 한 쌍씩의 동물을 태우듯 발전소 계통, 부품, 구조를 아내를 포함해서 30여 명의 인력으로 하나씩 실어 날랐지요. 꼬박 3년이 걸렸습니다. 어느 새벽 마침내 필로소피아-프린시피아 초전산 저장 공간은 표준형 원전 자료로 가득 찼습니다. 여명의 빛이랄까요, 세계 최초로 핵발전소가 전산 공간에 올려진(upload) 거죠.

일단 여기까지 오면 가상공간에서 발전소 부품을 조립하고, 계통을 연계하고, 건물을 착공하듯이 여러 가지 경우의 수를 시행해보면서 공사 기간과 경비 등을 확인합니다. 이상이 있으면 폐로하고 다시 지을 수 있습니다. 현실에서는 절대 못 하는 일이죠. 이런 프로그램을 저희가 만들어서 '4⁺D'라는 국제특허를 출원하게 됩니다. 이게 무슨 뜻인지 설명드리려면 또다시 아인슈타인을 언급하지 않을 수가 없습니다. 우리가 평면을 2차원(2D)이라고 하잖아요. 종잇장처럼 부피가 없는 가상의 개념이죠. 여기에 좌표가 하나 더 생기면 3차원(3D), 즉 우리가 사는 입체적인 공간이 됩니다. 아인슈타인은 여기에 시간이라는 또 하나의 좌표를 더했죠. 그는 시간과 공간을 별개로 보지 않았습니다. 이 둘을 합쳐 '시공간(spacetime)'으로 불렀죠. 4차원(4D)의 세계입니다.

아인슈타인의 세계에서 중력에 따라 공간과 시간이 왜곡됩니다. 이 멋진 아인슈타인의 발견에 비용이라는 축을 살짝 붙여 제품명으로 사용한 거예요. 필로소피아의 세계에서는 공간과 시간

외에 비용도 요동칩니다. 어찌보면 과학에 공학이 접목된 거죠. 자본주의 산물이라 볼 수도 있겠네요. 세계 시장에서 경쟁해야 하니까요. 이 밖에도 원전 설계 관련 프로그램과 3차원 야전 동영상을 여럿 출시했어요.

프랑스 회사와의 협업은 과거 제 부전공이 큰 도움이 됐습니다. 프랑스 사람들은 자기 나라 말 쓰는 사람을 정말 좋아하거든요. 이 점을 최대한 활용했죠. 어려운 프랑스 말까지 써가면서 돈독한 관계를 유지하려고 노력했습니다. 해외 시장 개척도 함께 했죠. 중국도 가고, 인도도 가고, 러시아도 들렀습니다. 그런데 그쪽 구매 담당자들이 만날 때마다 하는 소리가 "한국에서는 써봤습니까?"예요. 할 말이 없었습니다. 차라리 우리나라에서 헐값에라도 팔아서 실적을 쌓았으면 좋았을 텐데 그때는 그럴 생각을 못 했어요. 결국 열심히 제품을 만들기는 했습니다만 판매가 전무하다시피 했어요. 그렇게 필로소피아는 프린시피아와 함께 문을 닫으며 세인의 기억에서 사라집니다.

회사를 운영하다 보니 이건 연구 개발과는 또 다른 세계라는 걸 알겠더군요. 직원이 30명이 넘다 보니 구심점도 필요했습니다. 관리자 역할도 해야 하고, 게다가 월급날은 왜 이리 빨리 돌아오는지…. 그래서 10년을 버티다 결국은 접었죠. 내 사전에도 실패가 있었구나. 실패는 성공의 어머니라던데 나는 왜?' 하는 생각 속에 한참 동안 빠져 지냈지만, 이때도 역시 아내가 제게 힘을

실어줬지요. 늘 그러하듯이 말이죠,

지금 생각해보면 너무 앞서갔나 싶어요. 미국과 유럽에서 자본주의를 체험했음에도 국내 현실을 만만하게 본 측면도 있는 것 같습니다. 기술력 하나면 될 줄 알았던 거죠, 순진하게도. 이쪽 시장이 독과점이 심하잖아요. 조그만 회사가 기술을 들고나오니까 바로 견제가 들어와요. 인맥도 필요한 분야인데 그런 것도 간과했죠. 어디 어디 출신 있나요? 누구 알아요? 이런 물음들을 뒤로하고 우리끼리 한번 해보자 하고 시도했습니다. 고생을 많이 했어요. 잠도 못 자고 고민하면서도 실험 정신 하나로 버텼습니다. 그러면서 현실이 참 녹록지 않구나, 기술만으로는 성공하기가 어렵구나 하는 점을 배웠습니다.

예전에 제가 샤를레스 회장과 함께 다니면서 '4⁺차원' 기술을 전파하려했던 러시아와 중국이 우리나라를 따돌리고 세계 시장을 주름잡는 걸 보면 씁쓸해져요. 또다시 평행우주를 생각하게 됩니다. 그때 대한민국이 제 기술을 받아들이면서 동북아 원자력과 핵무기 판도를 바꾸었을 세상을 속절없이 그려보는 거죠. 지금 생각해도 매우 아쉽습니다.

강단에서 후학을 양성하고 또 직접 기업도 만들어보고 하다 보니 시간이 정말 쏜살처럼 지나더군요. 2021년에 정년을 맞아 은퇴를 하게 됩니다. 핵에 관한 생각도 그사이에 많이 달라졌어요. 조금 서먹해졌달까요. 제가 온몸을 바쳐 알고자 했던 핵의 시대가 이제는 저물고 있다는 생각이 듭니다. 그동안 핵이 우리 인류사에 얼마나 지대한 영향을 끼쳤습니까. 제2차 세계대전을 끝낸 것도 핵이었고 우리에게 풍요로운 삶을 선물해준 것도 핵이었습니다. 하지만 이제 세상이 달라졌어요.

히로시마와 나가사키에 떨어졌던 핵폭탄의 위력을 능가하는 핵이 세계 도처에 널려 있습니다. 너무 위력적이라 함부로 사용할 수도 없어요. 팔레스타인을 점령한 이스라엘이 저항 단체인 하마스에 핵을 떨어뜨릴 수 있나요. 지금 전쟁 중인 러시아가 우크라이나를 핵 공격할 수 있을까요. 그랬다가는 서방 세계의 엄청난 보복이 뒤따르겠지요. 핵무기라는 게 갖고 있을 때는 상대에게 위협이 되지만 막상 사용하고 나면 공멸합니다. 진퇴양난이죠. 이걸 국제 사회에선 MAD(Mutually Assured Destruction)라고 부르는데 우리말로 '상호확증파괴'라 할 수 있어요. 저속한 표현으로 '너 죽고 나 죽자'라고나 할까요? 그래서 푸틴도 네타냐후도 선뜻 못 쓰는데 김정은이 쓸 수 있을까요?

6

우주와 양자, 대폭발

"핵은 언제 생겨났을까요?" 가끔 이런 질문을 받습니다. 그러면 저는 '우주가 탄생하면서부터'라고 말씀드리죠. 대폭발, 그러니까 우주 대폭발 이후 쿼크, 전자 같은 기본 입자들이 생겨납니다. 온도가 엄청나게 높았던 초기 우주가 점점 식고 이들이 합쳐지면서 양성자, 중성자가 만들어지죠. 양성자와 중성자가 합쳐지면서 원자핵이 탄생합니다. 그리고 여기에 전자가 더해지면서 원자를 이루죠.

원래 저는 핵이 궁극의 물질인 줄 알았습니다. 전자가 구름처럼 펼쳐진 공간, 내부가 텅 비어 있으며 그 안에 양성자와 중성자로 이루어진 핵이 있어요. 그게 끝일 줄 알았습니다. 그리스어로 원자를 뜻하는 'atom'의 의미도 그렇죠. 더는 나뉘지 않는 존재. 하지만 이런 오래된 믿음 역시 과학이 발전하면서 깨졌죠. 바로 쿼크(quark)의 발견입니다. 양성자와 중성자를 이루는 작은 물질인 쿼크가 물질의 최소 단위임이 알려져요. 1964년에 미국의 물리학자 겔만이 이론적으로 쿼크라는 물질을 제안했는데 1969년 스탠퍼드에 있는 선형가속기연구소에서 실험을 통해 증명됩니다. 어쨌든, 핵을 이루는 중성자와 양성자는 서로 강하게 결합되어 있습니다. 이걸 인위적으로 쪼개서 핵분열을 일으키면 엄청난 에너지가 발생하는데 원자로든 핵폭탄이든 바로 이걸 이용하는 거고요.

예컨대 플루토늄 4kg을 핵분열시키면 극히 일부인 600mg, 즉 0.6g만 소멸되며 $E = MC^2$에 따라 재래식 화약 TNT 2만t에 해당하는 폭발력이 나옵니다. 그런데 이보다 더 작은 물질인 쿼크를 쪼개면 어떻게 될까요? 잘은 모르겠습니다만 미래에는 이걸 응용할 수도 있을 것 같아요. 그래서 어쩌면 핵의 시대가 지나가고 더 작은 입자의 결합력을 에너지로 이용하는 세상이 올지도 모른다는 느낌이 듭니다.

기술도 계속 발전하고 있어요. 전통적으로 중성자로 핵분열을 유도해서 이를 에너지화했습니다. 그런데 최근에는 핵분열이 아닌 핵융합으로 에너지를 얻어요. 핵분열이 원자핵이 쪼개지는 것이라면 핵융합이란 반대로 두 개의 원자핵이 합쳐지는 거예요. 이 과정에서 발생하는 에너지를 이용하는 것이 바로 핵융합 발전입니다. 태양이 열을 내는 방식과 유사하다 해서 '인공 태양'이라고도 합니다.

한동안 주춤하다가 2000년대부터 연구가 다시 활발해졌는데요. 최근 미국에서 레이저를 이용해 아주 작은 중수소—삼중수소 덩어리를 압축해—내폭형 원자폭탄과 같은 원리죠—핵융합을 일으키는 데 성공했다는 언론 보도도 있었습니다. 더 최근엔 우리나라가 핵융합 물질의 소위 네 번째 상태―고체, 액체, 기체 다음으로 전자구름이 원자핵과 분리되는 상태로 이온화라고도 하죠―인 '플라즈마' 상태를 1억 도에서 45초간 지속해 세계 기록을 달성하기도 했죠. 역시 중수소―삼중수소를 썼는데요 1억 도가 되면 중수소(양성자 하나, 중성자 두 개)와 삼중수소(양성자 하나, 중성자 세 개)에 붙어 있던 전자가 하나씩 빠져나와 수소는 양이온, 전자는 음이온이 됩니다. 초강력 전자기장에 초진공 상태로 떠돌게 되다가 양이온들이 결합하며 질량이 약간 줄어들어요. 이때 줄어든 질량 역시 $E = MC^2$에 따라 엄청난 에너지가 되며 이 과정에서 헬륨과 중성자가 나옵니다.

다시 핵의 역사로 돌아와 볼까요. 핵이 만들어지면서 우주에는 우리가 원소라고 부르는, 세상을 이루는 물질들이 만들어집니다. 그 첫 번째가 수소예요. 수소의 구조는 매우 간단해요. 수소 원자는 양성자 한 개로 이루어진 원자핵과 전자 한 개가 결합한 상태입니다. 수소는 우주를 이루는 대표적인 물질입니다. 우주 전체 물질 중 4분의 3이 수소예요.

'원자번호'라는 게 바로 양성자 수를 말해요. 그래서 주기율표에 등장하는 원자번호 1번이 수소예요. 수소를 필두로 여기에 양성자가 계속 더해지면서 새로운 원소들이 생겨나죠. 우라늄에 이르면 원자핵에 무려 92개의 양성자가 뭉쳐 있습니다.

그런데 여기서 중요한 게 원자는요, 핵을 이루는 양성자와 그 주위에 있는 전자가 정확하게 균형을 이룹니다. 1:1 혹은 2:2, 이런 식으로 나가요. 양성자가 두 개에 전자 하나는 아니라는 거예요. 그래서 원자번호 2번인 헬륨은 두 개의 양성자와 두 개의 전자가 하나의 원자를 이룹니다. 우리 전통적인 음양의 논리로 이해하시면 됩니다. 원자 구조라는 게 양의 성질인 핵 주위를 음의 성질인 전자가 돈다고 보면 돼요. 끌어당기는 힘과 밀어내는 힘이 균형을 이루면서 말이죠. 그래서 보통의 유기체와 무기체는 모두 중성입니다.

그렇다면 궁금해질 겁니다. 양의 성질을 갖는 양성자가 어떻게 두 개 이상 붙어 있을 수 있는가? 하고 말이죠. 자석의 양극을 댔을 때처럼 서로 밀어낼 거 아니에요? 사실은 물리학자들도 궁금해했어요. 심지어 측정해보니 붙어 있는 힘이 전자기력(전하의 움직임에 의해 발생하는 힘)보다 수천 배나 커요.

1932년 영국의 물리학자 채드윅은 실험을 통해 비밀의 열쇠인 '중성자'의 존재를 밝혀냅니다. 중성자는 그 이름처럼 전하가 없어요. 양도 아니고 음도 아닙니다. 또는 말씀드렸듯 음양을 다 갖고 있다고 생각하셔도 돼요. 그래서 양성자 사이에 존재하면서 그들 사이의 밀어내는 힘을 중화시켜주는 역할을 해요. 예컨대 원자번호 2번 헬륨은 양성자, 중성자, 전자가 각각 두 개입니다. 3번 리튬은 양성자, 중성자, 전자가 각각 세 개입니다. 그렇다고 해서 꼭 양성자와 중성자가 꼭 일대일 비율로 묶이지는 않아요. 중성자 수가 점점 많아져서 92번 우라늄은 양성자가 92개, 중성자가 146개, 전자가 92개입니다. 질량이 238로 어마어마하게 늘어나죠. 이것들을 결합시키는 힘도 그만큼 커지고요.

다만 원자는 빈 공간이 매우 큽니다. 원자핵과 전자 사이에 어마어마한 공간이 있어요. 잠실구장 한가운데 떨어뜨린 공이 원자핵이라면 빙 둘러선 관중들이 전자쯤 됩니다. 왜 '관중'이 아니라 '관중들'일까요? 그 이유는 위치를 특정할 수가 없기 때문입니다. 고정돼 있는 게 아니기에 어디에 있는지 알 수 없어요. 그래서 전자는 확률로서 존재합니다. 위치를 특정할 수 없고 다만 그 흔적을 구름처럼 모호하게 표시할 수 있다고 해서 '전자구름'으로 표현해요. 사람들이 원자를 발견했을 당시만 해도 핵과 전자가 대충 덕지덕지—마치 블랙베리처럼—붙어 있는 줄 알았어요. 그런데 연구를 거듭해보니 그렇지가 않았던 겁니다.

우리 몸을 포함해서 세상 모든 물질은 예외 없이 이렇게 구성되어 있어요. 핵은 물성을 유지하는 최소의 단위예요. 수소 핵을 쪼개면 수소의 성질이 사라지듯이 말입니다. 그래서 결국은 핵이 삼라만상의 기초로 여겨져요. 여기에는 당연히 사람도 포함됩니다. 그래서 제가 거듭 '핵은 내 안에 있었다'는 말씀을 드렸던 것이고요. 말하자면 '내 안에 내가 몰랐던 네가 있었다.' '너와 나는 이미 하나였다'라고나 할까요? 그 순간 저는 해탈의 경지에 이른 듯했습니다.

우리 몸이 일정한 형체를 유지하는 것은 우리 몸이 가벼운 핵을 가진 물질로 이루어졌기 때문입니다. 중성자 수가 많을수록 질량이 무거워지면서 안정성이 떨어져요. 쪼개지기 쉽습니다. 아마도 우리 몸이 양성자를 92개나 가진 우라늄처럼 무거운 물질로 이뤄졌다면 우리 몸도 쉽게 쪼개지고 그러면서 에너지를 냈을 거예요. 생각만 해도 끔찍하지 않나요? 저는 신의 존재를 믿진 않지만, 인간은 조물주의 최고 창작품라고 생각해요.

그러니까 지금까지 내용을 정리하자면, '우주 탄생 후 세상 모든 물질은 핵으로 구성되어 있고 그중에는 안정된 것이 있고 불안정한 것이 있다.' 정도로 생각하시면 되겠습니다. 대폭발(Big Bang)이란 말 들어보셨을 거예요. 우주 창세기를 설명하는 모형인데 1920년 처음으로 세상에 나와 현재는 정설로 굳어져 있지요. 매우 높은 에너지를 가진 작은 물질과 공간이 138억 년 전쯤 거대한 폭발을 통해 지금의 우주가 되었다고 보는 이론입니다. 이 이론에 따르면, 대폭발에 앞서 오늘날 우주에 존재하는 모든 물질과 에너지는 상상할 수 없을 만큼 작은 점 하나에 갇혀 있었습니다.

우주 나이 0초, 즉 폭발 순간에 그 작은 점으로부터 물질과 에너지가 터져 나와 팽창하면서 서로 멀어지기 시작해요. 이후 시간이 흐르면서 이 물질과 에너지가 은하계와 은하계 내부의 천체들을 형성하게 되었습니다. 이 이론은 우주가 팽창하고 있다는 에드윈 허블의 관측을 근거로 하고 있습니다. 허블은 또한 은하의 이동 속도가 지구와의 거리에 비례한다는 사실도 알아냈지요. 지구에서 멀리 떨어져 있을수록 빠르게 멀어지고 있다는 거지요. 그렇다면 폭발 이전, 즉 0초 이전에는 무엇이 있었을까요? 정녕 아무것도 없는 '진무(nothingness)' 또는 완전히 아무것도 없는 '완무' 상태였을까요? 결국 우주는, 양자는, 핵자는, 전자는, 쿼크는, 암흑은 우연히 창조되고 지금도 부단히 진화하고 있는 걸까요? 이쯤 되면 '불가지론'이 우리 인문핵에 필요한 것은 아닐까요?

6

문명의 변곡점

그렇다면 핵은 우리 인류의 삶에 어떤 영향을 끼쳤을까요? 우리는 핵과 어떻게 만나게 된 걸까요? 이를 알려면 아주 오랜 과거로 돌아가 보아야 합니다. 앞서 우주가 탄생하면서 물질을 이루는 기본 단위인 원자핵과 원자가 만들어졌다고 말씀드리지 않았습니까? 그 후로 또 어마어마한 시간이 흐르지요.

과학자들은 대폭발 시기를 오차 범위 3700만 년 내에서 138억 년 전으로 추정합니다. 그 후 우리가 속한 은하가 생기고, 태양이 태어나고, 지구가 만들어집니다. 약 45억 년 전쯤 일이죠. 이때는 오차 범위가 5000만 년이니 아마 46억 년 전일 수도 있겠네요. 아무튼 무기물뿐이던 원시 우주에서 태양과 같은 항성이 출현하고, 그 주위를 지구와 같은 행성이 공전합니다. 너무 뜨겁지도 너무 차갑지도 않아 물이 액체 상태로 존재할 수 있는, 소위 '중도 영역(Goldilocks Zone)'에서 드디어 최초의 생명이 탄생해요. 그리고 마침내 300만 년 전 인류가 출현하지요. 아프리카에서 발견된 오스트랄로피테쿠스, 즉 '남방 원인(猿人)'이었습니다.

이후 호모하빌리스 '도구인', 호모에렉투스 '직립인', 호모사

피엔스 '지혜인'을 거쳐 호모사피엔스사이엔스 '지능인'으로 진화합니다. 오늘날에는 급기야 '인공지능'의 출현을 목도하고 있습니다. 그러지 않겠지만, 절대 그러지 말아야겠지만 이들이 인간을 뜻하는 '호모'를 지워버리고, 기계를 뜻하는 '로보'로 지구 역사를 다시 쓸지도 모를 일입니다. 20세기 원자폭탄만큼이나 21세기 인공지능을 두려워해야 할 이유가 있습니다.

다시 본론으로 돌아와, 인류가 지구상에 나타나 진보를 거듭하는 동안 큰 영향을 미쳤을 물질에 관해 생각해보겠습니다. 우선 물이 있겠죠. 물은 인간뿐만 아니라 모든 생명의 조건입니다. 그다음 불을 꼽을 수 있겠고요. 인간이 불을 사용하면서 삶이 크게 변화했죠. 그러다 농사를 짓습니다. 탄수화물을 섭취하면서 또 한번 삶이 달라져요. 탄소와 수소, 그리고 여기에 물(산소)이 더해져서 만들어진 물질이 바로 탄수화물입니다. 농경 사회에 접어들면서 쌀, 밀, 옥수수 같은 작물과 소, 돼지 같은 가축을 통해 영양분을 섭취합니다. 무기물에서 유기물까지 다양한 물질이 우리 삶을 구성합니다.

고대 그리스인들은 공기, 물, 불, 흙을 세상을 이루는 4대 원소로 꼽았습니다. 불교에서도 일찌감치 '지수화풍(地水火風)'이라 하여 흙, 물, 불, 바람을 삼라만상을 이루는 네 요소로 보았습니다. 그만큼 자연을 인간의 삶에 큰 영향을 미치는 요소로 생각했던 거예요. 이때의 '원소'라는 게 지금으로 치면 '핵'과 같은 개념인 거죠. 이후로 인류는 더는 쪼갤 수 없는 기본 물질을 찾아다녔고 과학의 발전은 원자, 전자, 양성자, 중성자, 쿼크 같은 입자들을 발견할 수 있었습니다. 그러면서 '핵'이 물질의 최소 단위라는 생각이 널리 퍼졌습니다. 그런데 이 개념이 사실은 유기물에 먼저 쓰였어요.

인간이 '핵'이라는 개념에 접근하기 시작한 게 19세기 말부터 20세기 초 무렵입니다. 다윈의 『종의 기원』이 출간된 게 1859년이에요. 파스퇴르가 실험을 통해 미생물의 존재를 증명한 게 1860년입니다. 이후로 생물학은 비약적인 발전을 보여요. 현미경으로 들여다보니 생명체를 구성하는 모든 세포에 핵이 있고 이 핵이 분열하면서 생명 활동을 하고 성장합니다.

오늘날 과학의 발전은 핵 안에 유전 정보를 가진 디옥시리보핵산(deoxyribo nucleic acid, DNA)과 이를 전달하는 역할을 하는 리보핵산(ribo nucleic acid, RNA)이 있다는 사실을 밝혀냅니다. 그 이름에서도 보이듯 모두 'nucleic' 즉 핵과 관련이 있습니다. 그러면서 무기물과 유기물이 모두 '핵'으로 이루어졌다는 걸 알게 됩니다.

여러분도 생물 시간에 배웠겠지만, 생명체는 세포로 이루어지잖아요. 이 생명체가 성장하고 재생하는 과정에서 세포 분열이 이루어집니다. 세포 분열이 뭡니까? 세포핵이 둘로 쪼개지는 거잖아요. 똑같은 세포가 하나 더 생겨요. 이런 식으로 세포가 계속

해서 늘어납니다. 그래서 '핵분열'이라는 용어 자체가 생물학에서 먼저 나와요.

지금 공학에서 쓰는 핵이나 분열이라는 말도 여기서 가져온 거예요. 유기물, 그러니까 생명체를 보니까 세포가 분열을 한단 말이죠. 단, 영어로는 표현이 달라요. 생물학에선 '나눠짐(division)'으로 표현하고, 핵공학에선 '갈라짐(fission)'이라는 용어를 씁니다. 리제 마이트너가 처음 쓴 말이에요. 그러면 무기물의 핵도 분열할 수도 있겠다고 과학자들이 생각한 거죠. 나중에 어렵사리 실험해보니 정말 그랬던 거고요. 1939년에 리제 마이트너가 그렇게 해서 핵분열을 발견해낸 거예요.

이처럼 '핵'은 우주의 역사이자 우리 인간의 삶 자체를 이룬다고 볼 수 있습니다. 삼라만상이 핵으로 이루어지고 이것들이 분열을 거듭하면서 새로운 물성을 이룹니다. 또한 핵은 그 자리에서 멈추지 않고 순환합니다. 무기물이 유기물이 되었다가 다시 또 무기물로 돌아가죠. 사람이 죽으면 땅에 묻힙니다. 그 안에서 우리 몸은 화학적인 분해를 거쳐서 무기물로 돌아가요. 화장을 하면 탄소로 남겠죠. 식물의 영양분이 되고 이걸 또 다른 생명체가 흡수합니다. 모든 유기물은 생명 활동을 통해 끊임없이 제 모습을 바꿔요. 어떨 때는 화초가 되고, 어떨 때는 뱀이 되고, 원숭이가 되고, 사람이 됩니다. 전체적으로 볼 때는 계속 윤회하는 것이죠. 그러니까 제 몸의 상당 부분은 옛날에는 다른 존재였겠죠.

2부
핵이란

그리고, 내가 죽으면 어디선가 언젠가 누군가, 무엇인가의 일부로 다시 태어나겠지요. 확실한 건 나라는 생명은, 의식은 처음이자 마지막으로 다시는 똑같이 재조합될 수 없다는 것, 그래서 이 한목숨 뜨겁게 불사르다 가야 한다는 것입니다.

세상 모든 것이 태어나고 소멸하지만 핵은 영원합니다. 우주가 탄생했을 때나 지금이나 핵은 여전히 핵이에요. 별의 먼지였다가 셀 수 없이 많은 우연을 거쳐 '나'라는 생명으로 태어났으니, 늘 생각하고, 고로 존재합니다. 우리 인간은 우연한 핵의 결합으로 잉태되고, 성장하고, 그러다 노쇠합니다. 모두가 늙음이라는 병에 걸려 결국 죽음에 이르는 거죠. 그러니 세상은 핵과 함께 윤회한다고 볼 수 있어요. 이런 사실을 종합해보면 불교의 윤회 사상이 과학적으로 타당하다고 생각합니다. 제가 핵을 인문학적인 시선으로 보려는 이유도 그렇습니다. 핵을 알면 알수록 철학에 가까워져요.

인류가 핵을 알기 전과 후는 완전히 달라요. 역사적 대전환점이죠. 그 안에서 개개인의 삶도 큰 영향을 받습니다. 과학적 발견은 우리 사고에도 영향을 미칩니다. 가치관이랄까 세계관이 달라지지요.

14~16세기 르네상스, 즉 문예부흥 시대를 한번 예로 들어보겠습니다. 사실 르네상스는 불어로 '다시 태어나다'라는 뜻이에요. 중세 시대까지 서양은 세상 모든 것이 하나님의 뜻이었습니

다. 인간의 몸은 물론 세계 모든 사물이 창조되었으며, 따라서 창조주의 뜻을 알아내는 것이 바로 과학의 목적이었어요. 그래서 온통 관심이 신이 있는 하늘로 향해 있었습니다. 그러다 문예부흥 시대가 도래하지요. 이 시기를 대표하는 인물이 여러분도 잘 아시는 천재 과학자이자 공학자이면서 예술가이자 의학자이기도 했던 레오나르도 다빈치입니다. 그는 2007년 11월 〈네이처〉지가 선정한 '인류 역사를 바꾼 10명의 천재' 중 가장 창의적 인물로 뽑히기도 했습니다.

그는 인체에 큰 관심을 보였어요. 사람 몸을 해부해서 안을 들여다보고 기관을 살펴봅니다. 그러면서 모든 기관이 제 역할을 하며 조화를 이루는 인체의 아름다움에 매료되지요. 이후 우리가 목격한 바와 같이 서양은 문예부흥기를 기점으로 신의 세계에서 인간의 시대로 바뀌는 대변혁의 시대를 맞이합니다.

코페르니쿠스가 등장하면서 지구는 세계의 중심이 아닌 그저 작은 변방이 됩니다. 이후로 태양계 역시 거대한 은하의 아주 작은 부분에 불과하고 우주에는 그런 은하가 2000억 개 이상 존재한다는 사실을 알게 되지요. 아인슈타인의 등장은 이러한 거대한 세계에서는 우리가 그동안 절대불변의 진리로 믿고 있던 뉴턴의 물리 법칙이 적용되지 않는다는 사실을 알려줍니다. 빛과 시간, 공간에 관해 새로운 통찰을 제공하지요.

한편 원자와 같은 대단히 작은 세계, 즉 미시적 세계에 관한 발견도 이어집니다. 19세기 초 영국의 과학자 돌턴이 원자론을 제안한 이래 사람들은 세상에는 더 이상 나뉘지 않는 기본 입자가 존재하고 그 성격에 따라 물질의 성격이 달라진다는 사실을 알게 됩니다. 그리고 20세기에 등장한 양자역학은 미시의 세계에 적용되는 새로운 법칙들을 우리에게 알려줍니다. 그중에서도 입자의 위치와 운동량을 동시에 측정할 수 없다는 '불확정성의 원리'는 시사하는 바가 매우 커요.

원자는 중심부에 양성자가 있고 그 주위에 전자가 있습니다. 그런데 이 전자가 도무지 어디에서 어떻게 존재하는지 알 수 없어요. 그 위치를 알려면 빛을 투과해야 하는데 그러면 빛 입자가 전자를 때리는 순간 그 충격으로 또 어디론가 가버리는 거죠. 그렇기 때문에 전자는 확률적으로만 존재합니다. '여기'에 있지만 있지 않은, 알 수 없다는, 이러한 발견들은 근대 물리학 개념을 파괴하는 것이었어요.

핵은 구 형태가 아닙니다. 보통은 알갱이처럼 고체로 생각하지만 실제로는 경계가 모호하고 흐물흐물한 상태에 가까워요. 아지랑이처럼 웬만해선 제 모습을 인간의 눈에 드러내지 않죠. '꼭꼭 숨어라'가 이럴 때 쓰는 말 같습니다만. 그런데도 인류는 놀랍게도 전자현미경으로 이를 관찰하게 됩니다. 오늘날은 양자현미경으로 생체 세포 내부도 볼 수 있지요.

양성자 하나로 이루어진 수소 핵의 크기는 대략 25pm(p: 피코는 1조분의 1)입니다. 그런데 양성자 역시 더 작은 입자인 쿼크와 이들을 결합시켜주는 글루온(gluon) 같은 물질로 이루어져 있습니다. 이들은 색전하를 가진 입자로 그 크기가 너무도 작아서 '무(無)'에 가깝습니다. 글루온은 질량조차 없어요. 공즉시색인 거예요.

이러한 발견들은 우리의 철학과 예술에도 큰 영향을 끼칩니다. 인간만이 '만물의 영장'이고 우리의 이성이 세계를 속속들이 파악하여 정리할 수 있다는 근대적 세계관이 종말을 맞게 되지요. 인간은 자연을 알면 알수록 겸손해질 수밖에 없습니다. 우리는 그저 거대한 세계의 일부로서 존재할 뿐이에요. 보이지도 않을 한낱 먼지처럼 말이죠. 순환하고 사라지고 나타나고 관계를 맺는 그런 세계 말입니다. 불교에서는 일찌감치 이러한 생의 원리랄까 우주의 질서를 통찰하고 있었습니다. 세상 모든 것이 인연에 의해 생겨났으며 고정불변하는 실체가 없다는 공(空)의 사상이 그렇습니다.

불교의 눈으로 보면 우리 인간의 삶은 유한하기 짝이 없어요. 그러나 인간으로서만 그래요. 다른 형태로 다른 방식으로 우리는 영속으로 존재합니다. 그게 우주예요. 지금 우리의 몸을 이루는 물질들은 과거 흙이었으며 먼지였습니다. "우리는 별의 후손이다." 저명한 천문학자 칼 세이건이 『코스모스』에서 했던 이 말도 그렇잖아요. 우리 몸을 이루는 질소, 칼슘, 철 같은 물질들이 어디서 옵니까? 바로 오래된 별이 죽음을 맞고 폭발하면서 우주에 뿌려진 것들입니다. 거기에서 불새처럼 우리가 다시 태어난 거죠.

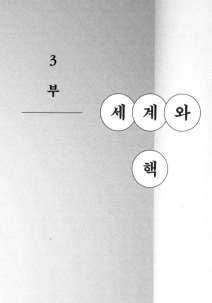

3
부
────────

세 계 와

핵

새로운 유혹

저는 철학을 전공한 사람이 아니기에 자세한 내용은 모릅니다만, 우리의 의식과 사고가 과학적 발견과 함께 바뀌었다는 것만큼은 확실히 알고 있습니다. 그리고 이 모든 것이 '핵'이라는 것과도 관련이 있다고 생각해요. 인류가 핵을 발견하면서 세상은 확연히 달라졌어요. 물리학자들이 핵의 존재를 알게 되고 여기에 파고들면서 기라성 같은 과학자들이 탄생하고 엄청난 발견이 이어졌습니다. 그리고 안타깝게도 그 끝에서 핵폭탄을 만났어요. 지금 지구상에는 지구를 몇 번이고 멸망시키고도 남을 핵무기가 도처에 널려 있습니다. 어쩌면 핵을 모르는 편이 더 나았을지도 몰라요.

인간은 호기심을 가진 존재입니다. 자연을 관찰하고 과학을 탐구하다 보면 언젠가는 핵과 만날 수밖에 없었다고 생각해요. 다만 그 발견을 감당할 수 있는지는 여전히 의문이에요. 지금 세슘이나 스트론튬 같은 인체와 자연계에 치명적인 물질들은 모두 인위적인 핵분열을 통해 발생한 것들이에요. 인간은 인위적으로 핵분열을 일으킬 수는 있지만 그 부산물을 어떻게 처리해야 할지는 모릅니다. 핵폐기물을 안전하게 보관할 방법을 우리는 아직 알지 못해요. 게다가 핵무기는 언제든 터뜨릴 준비가 되어 있어요. 여기서 잠시, 핵폭탄의 원리에 관해 설명을 드려야겠네요. 발전소의 핵분열과는 조금 다른 점이 있습니다.

핵분열 현상을 과학자들이 처음 발견했을 때만 해도 인위적으로 폭발을 일으키고 통제하는 데 한계가 있었습니다. 우선 원료를 얻기가 쉽지 않았어요. 천연 우라늄에는 세 종류의 우라늄이 함유되어 있습니다. 우라늄234, 우라늄235, 우라늄238입니다. 뒤에 붙은 숫자는 질량수, 즉 양성자와 중성자 수의 합이라는 것 기억하시죠? 우라늄은 아시다시피 원자번호, 즉 원자수가 92니 양성자가 92개라는 거예요. 근데 나머지 중성자 수에 따라 세 가지가 있는 거예요. 235가 나라면 234는 동생, 238은 형이랄까요. 그래서 이들을 동위원소라 부르죠. 주기율표에서 원자번호가 92로 같은 자릴 차지하니까요. 자, 그럼 무슨 차이가 있을까요? 맞아요. 바로 중성자 수가 서로 다르죠. 우라늄234엔 질량수 234에서 양성자 92개를 뺀 142개의 중성자, 235엔 143개 중성자, 238엔 146개 중성자가 있습니다. 이 중에서도 중성자 수가 홀수인 우라늄이 좀 더 불안정합니다. 잘 깨진다는 뜻이에요. 그래서 핵발전이든 핵무기든 우라늄235를 주로 사용합니다.

핵분열 과정은 연속적이에요. 하나의 원자핵 안에 양성자와 중성자가 딱 붙어 있다가 깨지면서 밖으로 중성자가 흘러나오죠.

그러면 그 중성자가 또 다른 핵을 건드리면서 또 깨지고…. 이런 식으로 이어집니다. 그러면서 세슘, 스트론튬, 제논, 크립톤 같은 방사성 물질이 나오고요. 이때 최초의 분열에 이르는 시간이 약 1억 분의 1초예요. 이 찰나의 순간에 엄청난 에너지가 발생합니다. 이를 살상용으로 사용한 게 바로 핵폭탄이에요. 그 위력은 다시 한번 아인슈타인의 공식 'E=MC²'으로 설명할 수 있습니다. 여기서 C가 빛의 속도지요? 초속 30만 km입니다. 핵분열로 인한 질량 변화가 아무리 미량이라 하더라도 광속, 그것도 제곱을 곱하면 정말 엄청난 에너지가 발생하는 거죠. 우라늄 1g이 석탄 3t과 맞먹습니다. 핵분열을 조절하면서 그 열로 물을 끓이면 하나의 도시가 사용할 전기를 생산하는 거고, 한꺼번에 터뜨리면 바로 그 도시를 파괴하게 되는 겁니다. 다시 한번 '양날의 검'을 떠올릴 수밖에 없습니다. 이를 어떻게 쓰느냐는 자연이 아닌 인간의 손에 달렸죠. 그래서 인문핵이 참으로 중요합니다.

그런데 여기서 우리가 자주 혼동하는 게 우라늄과 플루토늄이에요. 둘 다 핵폭탄의 원료로 쓰입니다. 다만 플루토늄은 자연 상태에서는 존재하지 않아요. 플루토늄은 원자로에서 사용하고 남은 연료봉을 추출해서 만듭니다. 1945년 당시 히로시마에 떨어진 폭탄 원료는 농축 우라늄이었고 나가사키에 떨어진 것은 플루토늄이었어요.

앞서 천연 우라늄에는 세 종류가 있다고 말씀드렸죠. 그런데 핵분열에 유리한 우라늄235는 그 양이 무척 적어요. 그래서 양이 더 많은 우라늄238을 원심 분리기로 분해해서 우라늄235만 따로 모읍니다. 이렇게 '농축'한 우라늄을 사용하거나 아니면 쓰고 남은 연료봉을 재처리해서 플루토늄을 만듭니다.

우라늄과 플루토늄은 화학적 성질이 달라요. 플루토늄은 질산 등을 이용해서 빼냅니다. 그러니까 농축 우라늄은 물리적으로 추려낸 것이고 플루토늄은 화학적으로 추려낸 것으로 생각하시면 돼요. 다만 플루토늄에는 유효 기간이 있습니다. 핵분열이 잘되는 플루토늄은 플루토늄239인데 이게 중성자에 노출되면 금세 플루토늄240이 되어버려요. 뒤에 붙는 숫자가 짝수가 되면 안정성이 높아져서 잘 안 쪼개진다고 말씀드렸죠. 그래서 플루토늄은 만든 다음에 짧게는 6개월, 길게는 1년을 넘기지 않아야 해요.

요약하자면, 플루토늄이든 우라늄이든 핵발전의 연료로 쓰입니다. 이론상으로는 핵발전소가 있는 나라는 모두 핵폭탄을 만들 수 있는 거죠. 그래서 세계 핵 강대국들이 이 플루토늄을 어떻게 할 건지 하는 문제에 민감해요. 다른 나라들이 플루토늄을 함부로 처리 못 하게 합니다. 핵 확산을 막는다는 취지로 맺은 핵비확산조약(nuclear nonproliferation treaty, NPT)이 바로 그것입니다.

또한 다른 나라에 핵 기술을 제공하면서 개별적으로 협정을 맺어요. 우리가 1973년 미국과 원자력협정을 맺으면서 단단히 약속한 게 있어요. 바로 핵무기 원료가 되는 플루토늄에는 눈길도 주지 않는다는 것입니다. 그래서 우리나라 핵발전소에서 나온 폐연료봉은 그냥 그대로 둡니다. 국제원자력기구(IAEA)에서 365일 24시간 밀착 감시를 해요. 문제는 과연 다른 나라도 약속을 잘 지킬 것인가 하는 겁니다. 유혹이 크잖아요. 연료봉만 재처리하면 되는데, 그러면 플루토늄으로 핵폭탄을 만들 수 있는데, 눈앞에 뻔히 보이는 걸 그냥 두고 있어야 합니다.

과거 남아프리카공화국, 리비아 등이 핵을 개발했습니다. 나중에 협상을 통해 비핵화에 동의하기는 했습니다만 그러기까지 여러 진통이 있었습니다. 그런데 여기서 눈여겨보아야 할 나라가 일본이에요. 이 나라는 현재 플루토늄 생산 기지인 '롯카쇼 재처리 시설'을 건설하고 있어요. 게다가 이미 약 50t 가까이 플루토늄을 보유하고 있습니다. 2만 기 정도의 핵폭탄을 만들 수 있는 양이에요. 미국이 이를 통제하고는 있습니다만, 미국 패권이 서서히 저물고 있지 않습니까? 기회를 틈타 핵무장을 추진할지 몰라요.

일본뿐만이 아닙니다. 2023년 12월 국제원자력기구 발표에 의하면 지금 전 세계 32개국에서 412기의 원자로를 운영하고 있다고 합니다. 지금 핵무기를 공식, 비공식적으로 보유한 나라가 북한과 이스라엘을 포함해서 아홉 곳이에요. 그렇다면 나머지 23개 나라가 그 유혹을 뿌리칠 수 있을까요?

핵폐기물도 문제입니다. 핵발전소는 물론 핵 개발 과정에서

폐기물이 나오죠. 이런 것들이 계속 쌓이는데 이걸 처리할 뾰족한 수가 없어요. 말은 '보관'이라고 하지만 사실상 수수방관한다고 봐야죠. 어떻게 될지 모르니 그냥 뒷짐을 진 상황이에요.

원자로에선 우라늄으로 핵분열을 일으키지 않습니까. 그러면 쓰고 남은 우라늄은 어떻게 할까요? 앞서 말씀드렸다시피 이걸 재처리하면 핵무기를 만드는 플루토늄이 되잖아요. 버리자니 아깝고 쓰자니 또 골치 아프고 한 거예요. 그래서 이러지도 저러지도 못하고 그냥 발전소 안에 두고 있습니다.

그러다 스웨덴과 핀란드가 전향적인 결단을 내립니다. "우리는 사용후핵연료를 버리겠다. 재처리 안 하고 그대로 폐기하겠다"고 선언해요. 영구 처분 정책으로 가는 거죠. 그런데 이것도 쉬운 일은 아니에요. 핵폐기물을 땅에다 묻기로 했는데, 보관 시설을 짓는 데만 엄청난 돈이 들어갑니다. 그러니까, 다른 나라들로서는 머뭇거릴 수밖에 없어요. 우리나라만 해도 핵폐기물 처리 문제로 얼마나 골머리를 앓고 있습니까.

핵분열을 하면 우라늄235의 원자핵이 중성자와 충돌하면서 두 개로 쪼개져요. 바륨, 크립톤, 스트론튬, 제논, 플루토늄, 이런 물질로 변합니다. 그러다가 시간이 흐르면서 점점 안정적인 물질들, 납이나 철처럼 더 이상 핵이 깨지지 않는 상태로 가는 거예요. 그런데 그 기간이 엄청나게 오래 걸러서 플루토늄239는 반감기가 2만 4000년쯤 되니까 계산해보면 24만 년이 지나야 붕괴를 멈춥니다. 그동안 안전하게 '보관'해야 해요.

지금 쓰고 남은 '사용후핵연료'는 지름 20cm~1m 정도 되는 구체에 보관합니다. 그런 다음 이걸 지하나 바다 밑에 묻자는 이야기가 나와요. 그래도 준비가 될 때까지는 원자로에 계속 두는 수밖에 없습니다. 문제는 지금의 핵발전소가 언제까지 안전하게 가동될 수 있겠느냐는 거예요. 과거 미국의 스리마일섬, 구소련의 체르노빌, 일본 후쿠시마 원전이 보여주듯이, 장담할 수 없습니다. 전 세계 원전에서 지금도 크고 작은 사고가 매일 일어나다시피 해요. 아시다시피 핵물질은 생명체에 치명적인 위협이 되고요. 반감기가 수십 년에서 길게는 수만 년이 갑니다. 인간은 윤리적이지 않아요. 당장의 이익을 위해 몰래 사고를 은폐하거나 일본처럼 노골적으로 핵폐기물을 투기합니다.

핵 문제는 현세대에서 끝나지 않아요. 우리는 원자력으로 많은 혜택을 누렸지만 미래 세대는 폐기물 같은 문제를 수습해야 하는 거예요. 그들에게 빚을 지고 있는 거나 마찬가지입니다. 그래서 이제는 핵에 대해 관점을 바꾸어야 할 때다, 인문적 관점에서 정리해야 할 때가 되었다고 생각해요. 핵은 초국경, 초세대, 초과학의 사안입니다. 물론 과학으로 묻고 과학으로 답해야겠지만 이것만으로 부족하다는 말씀이지요. 인문학이 들어와야 합니다.

6

오펜하이머의 비가

꙲

핵분열 현상을 인류의 삶에 적용시킨 게 20세기였어요. 발견을 하고 나서도 한동안 이걸 어디에다 써먹을지는 몰랐습니다. 그러다 세계대전 중에 무기화 계획을 세웁니다. 핵폭탄 개발의 역사를 말하려면 독일의 철학자 겸 물리학자인 하이젠베르크에서 시작해야 합니다. 1901년생인 그는 앞서 설명드린 '불확정성의 원리'를 최초로 제창한 사람입니다. 이 천재적인 물리학자는 20대에 이미 양자역학의 큰 인물로 추앙받아요.

하이젠베르크는 1939년부터 추진된 독일 핵무기 개발 계획(우란 사업)을 주도합니다. 아시다시피 당시 독일은 제2차 세계대전을 일으킨 '추축국'이었습니다. 연합국의 일원이던 미국도 1942년 오펜하이머 등이 참여한 '맨해튼 사업'으로 핵무기 개발에 뛰어듭니다. 제2차 세계대전 말기에는 일본이 가세합니다. 당대의 물리학자들이 핵 개발을 두고 경쟁해요. 그 결과는 여러분이 이미 아시는 대로입니다. 결국 독일은 핵무기 개발에 실패하고 미국은 인류 최초로 개발한 핵폭탄 두 기를 일본 본토에 투하합니다. 28만 명이 죽고 나서야 일본은 항복을 선언해요.

미국이 먼저 핵무기 개발에 성공한 데는 두 가지 요인이 있어요. 하나는 오펜하이머 같은 인재가 있었고, 다른 하나는 그걸 뒷받침할 자본력이었습니다. 맨해튼 사업에는 페르미, 로렌스, 콤프턴 등 당대 최고의 물리학자 등을 포함해 무려 3000명의 과학기술자가 동원됩니다. 영화로도 소개된 오펜하이머도 이를 주도한 인물 중 한 명이었어요. 그의 아버지는 박해를 피해 독일에서 미국으로 이민을 온 유대인이었습니다. 아인슈타인 역시 독일 태생 유대인으로 독일을 탈출해 미국으로 왔고요. 결국 독일의 인종주의가 자신들의 목을 조른 셈이에요. 어쨌든 당시 전 세계에서 모여든 탁월한 과학자들이 핵무기 개발에 투입되었다는 점을 꼽을 수 있고요.

그다음이 자본력입니다. 당시 기술 수준으로는 한 나라에서 생산되는 전력의 절반쯤을 우라늄 농축에 써야 했습니다. 여기에는 엄청난 돈이 필요했어요. 실제로 맨해튼 사업에 25조 원쯤 소요됩니다. 당시 그럴 수 있을 만큼 부자인 나라가 별로 없었어요.

일본도 패망 직전까지 핵폭탄을 개발했던 것으로 알려져 있어요. 1945년 8월 6일엔 히로시마에, 8월 9일엔 나가사키에 각각 핵폭탄이 떨어집니다. 그런데 1년 뒤 미국의 한 신문에 일본이 핵을 맞은 며칠 뒤인 8월 12일에 우리나라 함경남도 흥남 앞바다에서 핵시험을 했었다는 기사가 실려요. 이게 실패하자 무조건

항복한 게 아니냐는 일종의 음모론이 그때부터 나오게 됩니다. 진실을 알 수는 없지만, 일본이 패망하지 않았다면 그 후로 계속 핵무기 개발을 했을 거라는 점은 분명합니다.

맨해튼 사업은 인류가 이전에는 경험하지 못한 강력한 대량 살상 무기를 세상에 등장시킵니다. 그 위력을 직접 두 눈으로 확인한 나라들이 경쟁적으로 핵무기 개발에 나서죠. 선두주자는 단연 미국이었습니다.

1945년 7월 16일 미국 뉴멕시코주 사막 지역에서 인류 최초의 핵시험이 감행됩니다. 당시 코드명이 '트리니티(Trinity)'로 오펜하이머가 지은 이름이었다고 해요. 종교적 의미의 '삼위일체'는 아니었고 존 던의 시에서 영감을 받았다고 하더군요. 우연일지 모르지만 오펜하이머가 탐독하던 산스크리트 성전인 바가바드기타(Bhagavad-Gita)에 등장하는 전쟁의 신도 '트리니티'였습니다. 어쨌든 이 실험은 우리가 살던 세상을 완전히 바꾸어놓습니다. 그전만 해도 핵폭탄은 공상과학 소설이나 다름없었습니다. '이론상 그럴 수도 있다' 정도였지요. 과학자들이 모여서 토론할 때나 등장하는 식이었는데, 이게 실체화된 거예요.

맨해튼 사업은 한 장의 편지에서 시작됩니다. 헝가리 태생의 미국 물리학자인 실라르드 레오라는 사람이 1939년에 아인슈타인과 함께 저 유명한 아인슈타인-실라르드 편지를 당시 미국 대통령이던 루스벨트에게 보냅니다. 레오는 1933년에 핵분열의 이론적 기초를 마련한 사람으로 평가받는 인물입니다. 이 사람도 유대인이었어요. 독일에서 미국으로 망명한 상태였습니다. 그는 아인슈타인을 찾아가 독일에서 핵폭탄을 만든다는 첩보가 있으니 우리가 먼저 만들어야 하지 않겠느냐고 설득합니다. 백악관에서 두 사람의 서명이 담긴 편지를 읽은 루스벨트는 즉각 행동에 들어가요. 처음부터 오펜하이머를 책임자로 임명한 건 아니고요. 레슬리 그로브스라는 공병대 장군에게 핵무기 개발을 맡깁니다. 이 사람이 펜타곤이라 불리는 미국 국방성 건물을 지은 사람이에요. 무척 빠르게 겨우 몇 달 만에 완공해요. 그로 인해 추진력을 인정받았지요.

백악관의 명령을 받은 그가 팀을 꾸립니다. 본인은 군인이니까 직접 나설 수가 없어. 핵물리학에 관한 지식을 갖춘 사람이 필요하잖아요. 대학과 연구소를 돌며 적합한 인물을 찾습니다. 노벨상 수상자도 찾아가고 유명한 학자도 만나보지만 뭔가 부족해요. 적합한 인물을 쉽게 찾지 못했습니다. 팀을 이끌려면 리더십이 필요하잖아요. 학문적 역량만으로는 안 됩니다. 그러다 캘리포니아대학 버클리 캠퍼스, 우리가 흔히 버클리대학이라고 부르는 그곳에서 오펜하이머 교수를 만난 거예요. 처음엔 무관심했던 그를 설득한 끝에 총책임자로 임명합니다.

그런데 사업에 참여한 다른 과학자들이 이 결정을 듣고 의아해해요. 자기들이 생각해도 특별할 게 없는 사람을 총책으로 앉

혀놓았으니까요. 당시 오펜하이머는 30대 중반으로 나이도 젊은 데다 이렇다 할 연구 성과가 없었습니다. 사업에는 노벨상 수상자를 비롯하여 오펜하이머보다 유명한 학자들이 수두룩했거든요. 깡마른 데다, 담배와 술을 좋아하고, 성격도 괴팍한 그를 싫어하는 사람들도 많았습니다. 그럼에도 그로브스의 신임을 얻은 데는 이유가 있었습니다. 어떤 예지력이랄까, 앞선 생각과 통찰, 무엇보다 '카리스마'를 갖고 있었어요. 이를 통해 극비 사업을 추진하고, 원자 군단을 통솔해나갑니다. 당대의 내로라하는 과학자들이 그런 그를 믿고 따르기 시작해요.

그렇게 해서 1943년 미국 서부 뉴멕시코주의 작은 마을인 로스앨러모스에 비밀 연구소가 꾸려집니다. 참고로 '로스앨러모스'는 스페인어로 솜나무(cottonwoods)를 뜻합니다. 포플러의 일종인데 꽃이 진 다음 씨가 솜털처럼 바람에 날려간다고 해요. 어쩐지 시를 좋아했던 오펜하이머를 닮은 이름 같습니다.

미국 정부는 이곳으로 과학자와 그 가족들을 전부 불렀어요. 근무는 일주일에 5일 동안만 하게 합니다. 금요일 밤은 파티를 열어요. 우리가 소위 '불금'이라고 부르는 것처럼 미국인들도 'TGIF(Thank God It's Friday)'라는 말을 씁니다. 세계 최고의 지성들이 임시로 마련된 숙소에서 그렇게 일하고 놀면서 2년 8개월을 보내요. 지금 그곳에는 국립연구소가 자리하고 있습니다. 로스앨러모스는 핵은 물론 우주 개발, 에너지, 나노 컴퓨터 등 첨단 기술을 연구하는 세계 최대의 연구소로 성장했어요. 직원만 1만 명이 넘었다고 합니다.

가끔 왜 핵무기 개발 사업 이름에 '맨해튼'이 들어갔느냐고 궁금해하는데요. 특별한 이유는 없습니다. 맨해튼이 뉴욕에 있는 자치구잖아요. 미국에서도 인구 밀도가 무척 높은 곳 중 하나고요. 당시 여기에 육군 공병대가 있었어요. 루스벨트 대통령에게 명을 받은 그로브스 장군 사무실도 그곳이었습니다. 미국 동부 맨해튼에 근거지를 두고 서부 끝에 있는 버클리를 비롯해 전국을 돌며 이른바 '헤드헌팅'을 다닌 거예요. 그래서 '맨해튼 사업'이 된 겁니다.

'맨해튼 사업'에는 대학, 연구소, 군대를 비롯하여 연인원 13만 명에 20억 달러가 투입됩니다. 가족들까지 있었으니 실제로는 더 많은 사람이 이 사업에 연관이 된 셈이에요. 결국 2년 8개월 뒤 미국은 세계 최초로 핵폭탄 개발에 성공합니다. 전쟁 승리에 결정적 역할을 하게 되고 이후로 세계 패권을 미국이 거머쥐는 계기가 돼요.

한편 이를 주도한 오펜하이머는 전쟁을 끝낸 위대한 과학자라는 칭송과 함께 인류를 절멸시킬 위협을 가진 무기를 만든 사람이라는 비난을 한 몸에 받습니다. 스스로도 후회를 많이 해요. 루스벨트 사후에 대통령직을 이어받은 트루먼에게 자기 손에 피를 묻혔다며 핵 개발을 그만하자고 합니다. 하지만 승리에 도취된

141

미국이 이를 받아들일 리 없죠. 트루먼은 그를 미국원자력위원회에서 물러나게 합니다. 나중에는 소련 첩자라는 누명을 쓰고 청문회에서 신문까지 당하는 수모를 겪습니다. 그래도 최소한의 예우는 해줘요. 아인슈타인이 있던 프린스턴대학교 고등연구소 소장으로 재직하면서 강의와 집필로 말년을 보내요. 그러다 1967년 62세의 나이에 후두암으로 세상을 떠납니다.

핵이 투하되면서 사업도 끝이 납니다. 1942년 8월에 시작해서 3년 뒤인 1945년 7월에 핵시험에 성공하죠. 이어서 8월 6일과 9일에 두 발의 핵폭탄이 투하되고 전쟁은 끝납니다. 이후 세계는 핵폭탄의 시대에 접어듭니다. 미국과 구소련을 비롯해 세계 여러 나라에서 핵무기를 개발해요.

지금은 원자폭탄을 만드는 방식이 다양해졌어요. 일단 우라늄과 플루토늄을 쓰긴 하는데요. 아까 자연 상태에서는 핵분열이 잘 일어나는 우라늄235가 별로 없다고 했잖아요. 그래서 변환을 시켜야 하는데 여기에 전기가 많이 듭니다. 맨해튼 사업 당시 미국 전체 수요의 3분의 1에 해당하는 전기를 썼을 정도입니다. 요즘은 레이저를 써서 우라늄235를 생산할 수 있어요. 플루토늄의 경우는 조금 다릅니다. 핵분열이 잘 일어나는 플루토늄239는 자연 상태에서 직접 구할 수 없어요. 원자로에서 우라늄을 통해 얻어냅니다.

우라늄은 농축기와 전기가 필요하고, 플루토늄은 원자로가 필

요합니다. 그래서 이 두 갈래로 핵폭탄을 만들다가 지금은 거의
다 플루토늄으로 만들어요. 그동안 원전에서 확보한 게 많으니
까요. 요즘은 여기에 수소 등을 넣어서 폭발력을 늘리고 있어요.
크기는 작아지고 파괴력은 더 커지는 추세입니다.

3부
세 계 와
핵

보이지 않던 방사선

핵폭탄의 1차 피해는 폭발력에서 나옵니다. 여기서 나오는 충격파와 엄청난 고온이 주변을 초토화해요. 그다음은 2차 피해 즉, 방사성 물질에 의한 파괴입니다. 핵폭발로 대기권으로 퍼져 나갔던 방사성 물질이 지상으로 내려와요. 우리가 낙진이라고 부르는 그것입니다.

여기서 잠깐 용어를 확인해야 할 듯합니다. 우리가 방사선, 방사성, 방사능이라는 말을 혼용하고 있는데요. '방사선'은 '방사성' 물질이 뿜어내는 에너지입니다. 불안정한 상태의 원자핵이 안정화되는 과정에서 나오는 입자와 빛을 말해요. 원자핵이 쪼개지는 핵분열이 일어나면서 방출되는 물질들이 바로 방사선입니다. 방사능이란 이처럼 방사선을 방출하는 능력을 일컫는 말이에요. 우라늄처럼 중성자가 많은 물질은 당연히 방사능이 강합니다.

방사선은 중성자선, 알파선, 베타선처럼 입자의 형태로 된 것과 빛이나 전파 형태를 띤 것을 모두 포함합니다. 가시광선은 물론 자외선, 적외선, 그리고 우리가 병원에서 쓰는 X-선도 방사선이에요. 그러니 지금 천정에서 쏟아져 내리는 형광등 빛도 방사선입니다. 지금까지 알려진 방사성 물질이 1700종 정도예요. 그 중에서 인체에 치명적인 것이 세슘, 요오드 등 20개쯤 됩니다. 그렇다면 방사선이 왜 우리 몸에 안 좋으냐, 바로 투과력 때문입니다. 방출된 작은 입자들이 우리 몸 세포를 뚫고 지나가요.

방사선 중 알파선은 양성자와 중성자가 쌍으로 묶여 있는 구조(헬륨)입니다. 크기가 어느 정도 있어서 종잇장 하나 뚫기 어려워요. 베타선은 방출된 전자입니다. 이건 알파선보다 세지만 금속판쯤으로 막을 수 있습니다. 문제는 중성자선인데요. 이건 투과력이 훨씬 세서 납이나 콘크리트 같은 밀도가 높은 벽으로 막아야 합니다. 만약 중성자선이 우리 몸을 뚫고 지나가면 어떻게 될까요. 세포들이 모두 파괴되어 죽습니다.

자연 상태에서도 이러한 방사선이 있어요. 우주에서도 날아오고 우리가 쓰는 휴대전화에서도 나옵니다. 우리가 먹는 음식에서도 나와요. 우리가 보통 '칼륨'이라고 부르는 포타슘이 대표적입니다. 그런데 이런 자연 방사선은 건강에 해를 끼치지 않아요. 우리 인류가 오랫동안 음식으로 먹고 살면서 면역이 생긴 거예요.

인위적인 핵분열을 통해 발생한 방사선은 그 양이 어마어마합니다. 투과력도 세고 양도 많은 방사선에 노출되면서 생명에 위협을 받아요. 방출된 입자들이 우리 몸을 뚫고 지나가면서 세포핵을 건드리고 염색체를 손상시키고 그 안에 있는 DNA의 이중 나선 구조를 망가뜨립니다. DNA는 우리 몸의 유전자 정보를 갖고 있습니다. 어디는 장기가 되고 어디가 머리카락이 되고 손발이 되는지에 관한 정보를 담고 있어요. 이런 게 다 손상된다고 생각해보세요. 피폭된 지역에서 기형아 출산율이 높아지는 이유가 바로 여기에 있습니다. 정말 끔찍한 일이죠.

방사선은 또한 암을 유발합니다. 암이라는 게 정상 세포가 돌연변이를 일으킨 거잖아요. 정상 세포는 특정 기능을 담당하면서 제 역할을 끝내면 죽어서 사라지는데 암세포는 무한 증식해요. 생명 기능도 없습니다. 계속 사람의 몸을 잠식해나가면서 정상적인 인체 기능을 마비시켜요. 방사선에 피폭된 세포는 죽거나 악성으로 변하거나 돌연변이가 됩니다. 그러면서 암세포가 생길 수 있는 거고요. 한편, 강력한 투과력으로 세포를 죽이는 방사선의 특징은 거꾸로 암을 치료하는 데 사용됩니다. 강도와 위치를 정밀하게 조절해서 암세포에만 방사선을 쬐는 거예요.

우주가 생긴 이래 방사성 물질은 계속 있었습니다. 그런데 이게 인간이 핵을 이용하면서부터 그 양이 급증했어요. 이제 자연 상태의 방사선은 핵발전소나 핵무기에 비할 바가 못 됩니다. 말하자면 인간 스스로 자기는 물론 지구 생태계를 위협하는 물질을 대책 없이 쌓아두고 있는 셈이에요. 그동안 해온 핵시험은 또 어떻습니까. 지구상에는 인공적으로 만들어낸 방사성 물질이 이미 도처에 돌아다니고 있는 거예요.

최근에는 후쿠시마 원전 사고로 인한 핵폐수 투기로 '삼중수소'라는 방사성 물질이 주목받고 있습니다. 여러분도 언론이나 방송을 통해 한 번쯤 들어봤을 거예요. 이 삼중수소라는 물질은 자연에도 존재합니다. 보통 수소의 핵은 양성자 한 개지만 이건 여기에 중성자가 두 개가 더 붙어 있어요. 딱 봐도 불안한 상태죠. 그래서 중성자 중 하나가 전자를 방출하면서(베타선) 양성자로 바뀝니다. 그러면서 헬륨이라는 안정적인 물질로 바뀝니다. 지구의 위성인 달에 풍부한 물질입니다. 지구에서 삼중수소는 물(H_2O)의 형태로 존재해요. 산소 하나에 수소가 둘인데 그 수소 한 자리에 이 삼중수소가 들어가면서 전자를 방출해요. 아시다시피 인체의 3분의 2는 수분으로 이루어져 있습니다. 삼중수소가 우리 몸속 물과 결합하면서 이런저런 문제를 발생시킬 가능성이 커요.

방사성 물질은 우리 몸의 각 영역에 침투해서 이상을 일으킵니다. 세슘은 특히 단백질을 좋아해요. 그래서 근육에 축적되고 삼중수소는 여기저기 고루 영향을 미칩니다. 요오드는 갑상샘, 테크늄은 생식샘에 축적됩니다. 우리 몸이 자기를 구성하는 물질인 줄 잘못 알고 받아들이기 때문이에요. 예를 들어 스트론튬은 칼슘이랑 화학적 성질이 비슷해서 뼈에 축적됩니다. 그러면서 백혈병과 골수암을 유발해요.

보통 기준치 이하면 괜찮다고는 하지만 이것도 그때그때 달라요. 자의적입니다. 게다가 그 기준을 인종과 나이, 성별과 상관없이 일괄적으로 적용해요. 따라서 누구에게 어떤 영향을 미칠지는 모릅니다. 독일은 어린아이들에게는 더 높은 기준을 적용합니다. 아무리 소량이라도 몸에 안 좋습니다. 국제적으로는 우리가 얼마나 피폭되어야 안전하다고 할 수 있느냐를 따질 때, 합리적으로 달성 가능한 가장 적은 수준(as low as reasonably achievable, ALARA)이라는 기준을 적용합니다. 국제방사선방호위원회(ICRP)가 1977년에 권고한 피폭 대응 원칙이에요. 하지만 이런 기준이 얼마나 유효한지는 생각을 해보아야 해요. 아무리 적은 양이라도 자기가 피폭될 걸 알고 일부러 노출되려는 사람은 없어요. 기준을 정한 사람들도 마찬가지일 겁니다. 방사선이 생명체에 치명적이라는 사실 앞에서 기준치라는 건 무의미해요. 애초에 피폭 원인을 제거하고 안전성을 담보하는 게 우선이어야 하죠.

피폭이 인체에 미치는 영향을 연구한 임상 기록이 많지는 않아요. 아무래도 직접 인체를 대상으로 실험하기란 어려우니까요. 그래서 그전에는 히로시마, 나가사키 사례밖에 없었어요. 당시 피폭된 사람들을 추적 조사한 건데요. 아주 짧은 시간에 피폭당한 사람들을 연구한 내용입니다. 그러다가 2023년 11월에 국제 공동 조사 결과가 발표됩니다. 그 대상이 핵폭탄에 피폭된 사람들이 아니라 핵 관련 시설 종사자였어요. 1944년 이후 70여 년간 미국과 영국, 프랑스 원자력 산업 종사자 31만여 명 중 사망자 약 10만 명을 대상으로 합니다. 역대 최대 규모의 방사선 피폭 역학

조사였습니다.

결과를 요약하자면, 아주 적은 양의 방사선 누적, 그러니까 방사선 관련 종사자의 연간 누적량보다 낮은 양만으로도 고형암, 그러니까 형태가 있는 암의 발병으로 인한 사망률을 130% 증가시켰다는 것이었습니다. 그동안은 히로시마, 나가사키의 피폭량을 기준으로 했었는데 사실상 이러한 기준이 무의미해진 거예요.

2023년 연구 결과를 후쿠시마 원전 사고에 적용하면 1만 명마다 한 사람이 고형암에 걸린다고 예측할 수 있습니다. 이런 이야기를 하면 어떤 사람은 고기만 먹어도 1만 명 중 10명이 암에 걸린다고 반박합니다. 그런데 그런 이야기가 정말 반박이 되나요? 그 1명이 만약에 나라면, 내 가족이라면 그런 말을 할 수 있을까요? 어쨌든 건강하게 잘 지내야 할 사람이 희생당한 겁니다. 경각심을 가져야 해요.

방사선에 피폭되면 여러 증세가 나타납니다. 그 자리에서 죽는 경우도 있고 그나마 목숨은 건지지만 심한 화상을 입기도 합니다. 이건 그나마 몸 바깥의 증상으로 확인할 수 있는 거고요. 잠재되어 있다가 나중에 나타나는 경우도 있습니다.

그간 학술지 〈사이언스〉, 〈네이처〉 등에 여러 편의 관련 논문이 실립니다. 여기에 따르면 1986년 체르노빌 원전 사고 때 약 20만 명이 피폭됩니다. 이 중 2만 5000명 정도가 사망해요. 방사선에 오염된 풀을 먹고 자란 소에서 짠 우유를 먹고 5000여 명이 갑

149

상샘암에 걸립니다. 분석을 해보니 DNA 이중 나선이 파괴되어 이를 복구하는 과정에서 문제가 생길 가능성이 높아졌다고 합니다. 언제 어떤 경로로 피복될지 몰라요.

핵과 기후 위기

최근 기후 위기가 심각해지고 있습니다. 인류가 화석 연료를 쓰기 시작하면서 조금씩 누적되어왔던 문제들이 생태계 파괴로 이어지고 있어요. 그렇다면 핵은 이런 시기에 어떤 의미를 지니고 있을까, 기후 위기 시대에 핵은 무엇일까, 하는 생각을 해보지 않을 수 없습니다.

우리는 기후 위기의 원인으로 지구 온난화를 꼽습니다. 그 가장 큰 원인은 이산화탄소 같은 '온실기체'예요. 이런 물질들이 비닐하우스의 비닐처럼 열을 배출 못 하게 막는 역할을 해요. 순환이 안 되니 계속 더워지는 거죠. 여기서 잠깐 용어를 짚고 넘어가자면, 사실 '온실가스'보다는 '온실기체'가 더 정확한 표현입니다. 영어에 '가스'는 두 가지가 있습니다. 하나는 휘발유 즉, 가솔린의 줄임말이고요. 다른 하나는 기체를 뜻하는 '가스'입니다. 그러니까 이걸 우리말로 번역할 때는 '기체'로 해야 맞죠.

온실기체는 화석 연료를 태우면서 발생합니다. 물질이 타는 것은 산화 작용이에요. 산소와 결합하면서 전자를 잃는 현상이죠. 이 과정에서 열이 발생합니다. 그 열은 어디에서 나오느냐, 탄소하고 산소의 외곽에 돌고 있는 전자들이 서로 합치면서 자리를 바꿔요. 그러면서 질량이 달라지고 여기서 에너지가 발생해요. 화력 발전소가 바로 이 원리를 이용합니다. 탄소(C)가 산소(O)하고 결합해서 이산화탄소(CO_2)가 되면서 열이 발생합니다. 이걸로 터빈을 돌려 전기를 얻는 것입니다. 그러다가 이산화탄소 같은 온실기체가 늘어나면서 지구 대기의 온도가 계속 높아진 거예요.

지구 공기의 대부분은 질소(78%)와 산소(21%)로 이루어져 있습니다. 나머지 1%도 아르곤이 0.93%를 차지하니까 그 외 0.07%에 이산화탄소가 기타 물질들과 함께 있는 거예요. 이렇게 미미한 물질이 우리 삶을 뒤바꿀 만큼 큰 영향을 끼친다는 게 믿기지 않을 수 있습니다. 공기 중 이산화탄소량은 계속 변합니다. 한때 0.1%가 넘었던 시대가 있었어요. 지금의 두 배가 조금 넘는 수치죠. 다만, 당시는 인간이 존재하지도 않았어요. 그랬었다는 사실을 추정할 수 있을 뿐이죠.

이산화탄소만 온실 효과를 유발하는 것은 아닙니다. 메탄(CH_4)도 대표적인 온실기체예요. 그리고 또 하나, 수증기 역시 지구의 열이 바깥으로 못 나가게 막아요. 대표적인 게 구름이겠죠. 그러니까 우리가 지구 온난화를 생각할 때는 기체뿐만 아니라 강, 호수, 바다를 이루는 물도 함께 보아야 합니다. 이런 세 요소가 지구 온난화에 영향을 미치지만, 우리 인간이 통제할 수 있는 것은 결국 이산화탄소예요. 바다에서, 강에서, 호수에서 물이 증발하는 걸 막을 수는 없으니까요. 메탄은 동물들이 방귀를 뀔 때 많이 생기는데 공장식 축산을 줄이면 되지만 쉽지 않습니다.

공기 중에 이산화탄소량이 급증한 것은 산업혁명 이후입니다. 이산화탄소의 가장 큰 발생 요인은 연소 반응입니다. 탄소를 태울 때 즉, 탄소와 산소가 결합하면서 만들어져요. 인간이 대량으로 이산화탄소를 발생시키기 전까지만 해도 자연은 식물이나 바다의 플랑크톤 등을 통해 그 양을 조절할 수 있었습니다. 집 안에 화초를 두면 공기가 맑아지죠. 사람이 내뿜는 이산화탄소를 머금고 산소를 내주니까요. 우리가 잘 아는 식물의 광합성 기능입니다. 그런데 이제는 자연이 그렇게 해결할 수 있는 양을 넘어선 거예요. 산업혁명 이후로 내연기관이 등장하면서 엄청난 양의 석탄, 석유, 가스를 태운 결과입니다. 이제는 돌이킬 수 없는 지경까지 왔다는 게 기상학자들 이야기고요.

인류가 이런 자각을 한 지가 그리 오래지 않아요. 그전에는 화석 연료로 이룬 변화와 부를 만끽하느라 그럴 정신이 없었습니다. 그러다 '어, 이러다간 큰일 나겠는데?' 하게 된 게 겨우 40~50년 전이에요. 우리가 그동안 화석 연료, 그러니까 석탄, 석유, 가스를 때면서 문명이 비약적으로 도약했잖아요. 번영을 누렸습니다. 그러다 기후 위기라는 위기를 맞은 겁니다. 세상에 '공짜 점심'은 없어요.

기후 위기와 관련해서 핵을 대안으로 생각하는 사람들도 있습니다. 핵발전은 전기 생산 과정에서 이산화탄소를 발생시키지 않잖아요. 그런데 문제의 범위를 좁혀서 이산화탄소만 놓고 본다면 방법은 간단합니다. 하나는 화석 연료 자체를 안 쓰는 거예요. 두 번째는 줄이는 겁니다. 어쩔 수 없이 써야 한다면 그 양을 최소화하자는 거고요. 마지막 세 번째는 한쪽에서는 배출하고 다른 한쪽에서는 흡수하는 겁니다. 식물 역할을 대신할 뭔가를 만드는 겁니다.

맨 처음 방법은 지금 당장 실천하기 어렵습니다. 세 번째는 시간이 걸리고요. 그래서 가장 현실적인 방법이 줄이는 것인데, 이때 원자력이 일정 역할을 할 수 있다고 보는 거예요. 물론 다른 문제가 있긴 합니다만, 적어도 온실기체 문제에서는 비교적 자유롭습니다. 핵분열 자체는 이산화탄소 발생량 '0'이 맞습니다. 다만 핵발전이라고 해서 이산화탄소와 무관한 건 아니에요. 핵연료를 만들 때 전기가 엄청나게 들어가니까요. 화석 연료를 이용한 발전 시설로 만든 전기를 써야 합니다. 핵폐기물을 관리하는 데도 전기가 소모되지요.

그래서 저는 이 모든 것을 한 방에 해결할 방법을 찾기보다는 '저울질'이 필요하다고 봅니다. 각자의 편익을 분석해서 어떻게 하는 것이 가장 현실적인가, 어떻게 대안을 찾고 변화를 만들까에 집중해야 한다고 생각해요.

6

천연 원자로

과학자들이 핵을 에너지원으로 생각하기 시작한 건 세계대전이 끝난 지 얼마 되지 않아서였습니다. 순서로 치면 핵은 무기가 먼저예요. 어찌 보면 발전소는 핵폭탄으로 대량 살상의 문을 연 데 대한 속죄라고 할 수도 있죠. 1953년 12월에 미국 대통령 아이젠하워가 유엔 총회에서 연설을 했습니다. 이때 '평화를 위한 원자 (atoms for peace)'를 주창해요. 이를 기점으로 핵 개발의 역사는 변곡점을 맞아요. 한편에서는 여전히 핵무기를 고도화하고 소형화, 경량화하는 움직임이 계속되었지만, 전쟁이 아닌 인류의 번영을 위해 사용하자는 쪽으로 관점을 바꾼 겁니다.

에너지원으로서 핵의 잠재력은 실로 엄청납니다. 앞서 화력 발전이 산화 반응을 이용해 만들어낸 에너지가 1이라고 하면 핵분열을 통해 만들어낸 에너지는 그 300만 배, 핵융합을 통해 만들어낸 에너지는 1000만 배에 이릅니다. 과학자들이 이걸 발견해내고는 핵폭탄이라는 가공할 무기를 만든 거예요.

무기 개발의 핵심은 핵분열을 어떻게 일으키고 또 어떻게 조절할 것이냐 하는 문제였습니다. 말하자면 '야생마 길들이기'죠.

어디로 튈지 모르는 그것을 인간의 손으로 통제하는 게 핵심이었어요. 결국 엔리코 페르미라는 이탈리아 물리학자가 이 문제를 해결합니다. 세계 최초로 원자로를 개발해요. 1941년 12월의 일이었지요. 그는 우라늄 핵이 쪼개질 때 옆에 탄소라는 걸 두면 중성자 속도가 적당하게 낮아진다는 걸 알아냈어요. 자동차로 치면 제동 장치인 셈이에요. 그래서 핵발전소 원자로에 탄소로 만든 제어봉을 집어넣습니다. 폭탄에는 이런 장치가 없어요. 조절할 필요가 없기 때문입니다.

과학자들이 연구를 거듭한 끝에 10년 후인 1951년 미국에서 세계 최초로 핵발전 전기 생산에 성공합니다. 이때는 원자로에서 발생하는 열을 제어하기 위해 소듐을 썼습니다. 지금처럼 물로 식히지 않았어요. 당시 발전기로 생산한 전기로 200와트(W)짜리 백열전구 네 개를 밝혔어요. 인류가 처음으로 핵을 이용해 전깃불을 켠 거예요. 그리고 3년 후 구소련에 세계 최초의 원자력발전소가 들어서요. 이게 왜 세계 최초냐면 앞엣것이 EBR-1이라는 실험용 원자로였다면 이번 것은 용량이 1000배쯤 늘어난 '진짜 발전소'였기 때문이에요. 이후 전 세계에 핵발전소가 들어섭니다. 원자로는 조금씩 다를지 몰라도 핵분열 시 발생하는 엄청난 열로 물을 끓이고 그 수증기로 터빈을 돌려서 전기를 생산하는 원리는 같아요.

그런데 여기서 재미있는 사실이 하나 있습니다. 바로 인간이 원자로를 만들기 훨씬 오래전에 이미 천연 원자로가 존재했다는 사실이에요.

지금 우리가 핵분열에 사용하는 우라늄235는 자연 상태에서 얻은 우라늄에서 0.7%밖에 못 구해요. 우라늄 광석 1000개 중에 겨우 일곱 개만 쓸 수 있는 셈이죠. 나머지는 뭘까요? 땔감으론 안 좋은 238이죠. 그런데 땔감으로 좋은 235는 238에 비해 빨리 사라집니다. 인류가 조금만 더 늦게 핵분열을 발견했다면 우린 핵에 대한 걱정을 덜 했을지도 몰라요. 자연 상태의 우라늄235가 분열해서 열을 내고, 238은 중성자를 하나 받아서 플루토늄239가 됩니다. 그런데 생각을 해보면 인간이 생겨나기 훨씬 전, 지구 나이가 46억 년쯤 되니까 초창기에는 더 많았겠죠. 우라늄235 반감기(방사선 양이 절반으로 줄어드는 기간)가 7억 380만 년이니까 이걸로 계산해보면 17억 년쯤 전에는 5% 정도 됐어요. 그런데 실제로 그 무렵 아프리카에서 기적이 일어납니다. 자연 상태의 우라늄235가 중성자를 만나 핵분열을 시작해요. 자연 상태의 우라늄235가 분열해서 플루토늄이 됩니다.

오늘날 가봉 공화국이 있는 오클로 광산이 바로 그 현장입니다. 이 지역 광산 지하에는 지하수가 있어요. 상당한 압력이 작용하면서 지금으로 치면 핵분열 시 중성자의 속도를 늦추는 가압경수로 역할을 한 거예요. 핵분열이 일어나면서 열이 발생하고 물은 끓어서 증기가 됩니다. 부피가 갑자기 1000배쯤 늘어났어요. 부피가 늘어난다는 얘기는 분자 간 거리도 그만큼 는다는 뜻입니다. 그러면서 더 이상 중성자의 속도를 떨어뜨리지 못하면 핵분열이 줄어듭니다.

결국 천연 원자로도 저절로 작동을 멈춰요. 이후 다시 온도가 내려가고 물이 생기죠. 그러면 다시 중성자가 핵을 때리기 시작하고 원자로가 돌아갑니다. 이처럼 간헐적으로 핵분열이 일어났다가 멈췄다 한 거예요. 그러는 사이 우라늄235가 줄어들고 이때 만들어진, 반감기가 2만 4000년인 플루토늄은 아예 사라집니다.

이걸 프랑스 과학자들이 우라늄 원광을 분석하다 알아낸 거예요. 당시 핵연료를 찾으려고 세계 방방곡곡을 돌아다녔거든요. 그런데 유독 이 지역에서만 우라늄235 비율이 낮아요. 우라늄235는 전 세계 공통으로 0.7%의 비율로 존재합니다. 1000개의 우라늄 중 993개는 우라늄238이에요. 그런데 놀랍게도 그 지역에서만은 0.3~0.4%였던 겁니다. 즉, 1000개 가운데 일곱 개여야 할 우라늄235가 서너 개밖에 안 됐던 거죠.

전 세계에서 똑같은 비율로 존재하는 물질이 여기만 부족하다? 이상하잖아요. 외계인이나 고대 문명이 핵분열로 에너지를 얻었다면 모를까, 어쨌든 어떤 이유로 이 물질이 소비가 된 거라고 짐작을 했습니다. 그러다가 1972년 프랑스 원자력청은 지구 생성 초기인 선캄브리아 시대에 오클로 광산에서 천연 원자로가 가동되었다고 결론 내려요.

이런 이야기를 하면 사람들이 조금 황당해합니다. 원자로가 우리 인간의 발명품인 줄 알았는데 저 까마득한 과거에 이미 자연에서 이루어지고 있었던 거예요. 제가 보기에는 이러한 발견들이 인간의 오만함을 일깨우고 있는 것 같아요. 적어도 수십만 년 동안 천연 원자로가 가동되었을 테니 거기에 비하면 인간의 문명은 얼마나 작고 초라합니까. 앞으로 얼마나 더 우리 인간이 지구에서 군림할 수 있을까요. 핵을 공부하면 할수록 이런 생각을 떨쳐버릴 수 없어요.

자연은 항상 가르침을 줍니다. 제가 천연 원자로에서 얻은 영감이 있어요. 핵분열이 일어나서 온도가 엄청나게 올라갔다가 다시 식으면서 군데군데 '유리화'가 되어 있더랍니다. 이게 바로 원시 지구 시기에 핵분열이 있었다는 증거이기도 하고요. 일종의 '스모킹 건'이라고 할까요. 권총을 쏘면 총열 바깥으로 연기가 나오잖아요. 이걸 통해서 발사가 있었는지 여부를 알 수 있어요. 결정적이고 확실한 증거인 셈이죠.

'유리화(vitrification)'는 흙이 고온에서 결합력이 강해지면서 유리로 바뀌는 현상이에요. 그렇다면 천연 원자로에서 나타났던 이 현상을 우리 원자로에 적용시키면 어떨까 하는 생각이 들었습니다. 그러면 안전하게 핵폐기물을 보관할 수 있지 않을까요. 제가 프랑스에 있을 때 항상 지하철 환승역에서 퐁피두 센터를 보면서 그런 고민을 했어요. 유리로 된 투명 건물로 승강기, 자동계단의 움직임이 다 보여요. 다만, 그토록 결합력이 강한 유리에도 취약성이 있습니다. 바로 쉽게 깨진다는 거예요. 작은 충격에도 균열이 갑니다. 하지만 인간의 기술은 계속 발전합니다. 이걸 보완한 '방탄유리'가 개발돼요. 그러니 앞으로 이 부분을 핵폐기물 처리에 응용할 수 있겠다는 생각을 늘 갖고 있습니다.

6

핵발전 연대기

그럼 다시 인간의 역사로 돌아가서 핵 발전의 역사를 계속 이어
가 보겠습니다. 미국에서 최초의 핵발전 원자로를 개발한 뒤 3
년 후인 1954년에 오브닌스크 발전소가 건립되지요. 그리고 난
다음에 영국에서 1956년에 콜더홀(Calder Hall) 발전소를 만들어
요. 구소련 원전의 규모가 5000kW였는데, 이건 18배 이상이 되
는 9만 2000kW 규모였습니다. 오브닌스크와 콜더홀 모두 흑연
감속로예요. 중성자 속도를 늦추는 데 물을 쓰는 경수로와 달리
흑연을 씁니다. 물은 고온에서 끓어버리잖아요. 흑연감속로는
그럴 염려가 없습니다. 지금 북한에서 쓰는 원자로도 같은 방식
이에요. 우리는 경수로를 쓰지요. 또 다른 방식의 원자로로 중수
로가 있습니다. 이건 물이나 흑연 대신에 중수(D_2O)를 씁니다. 중
수로는 농축 우라늄이 아니라 일반 천연 우라늄을 연료로 사용
할 수 있다는 장점이 있죠.

  1957년 12월에는 미국 펜실베이니아주 쉬핑포트에 5만 kW
규모의 원전이 건립됩니다. 가압경수로를 썼는데 말 그대로 물
에 압력을 가해서 중성자 감속재와 냉각수로 활용합니다. 이때

부터 원전의 상업화가 본격화됩니다. 1978년에는 우리나라 최초 원전인 고리 1호기가 들어서는데 미국의 웨스팅하우스사가 만든 가압경수로형입니다. 이후로도 1970년대에만 전 세계에서 수백 기의 원전이 건립됩니다.

원전이 생기면서 전기가 풍부해지죠. 미국만 해도 '계량기가 필요 없을' 정도라는 우스갯소리가 있을 정도로 값싸게 전기를 썼습니다. 하지만, 이러한 질주는 곧 브레이크가 걸립니다. 1979년 3월 미국 펜실베이니아주 스리마일섬에서 생긴 원자로 붕괴 사고가 바로 그것입니다. 미국 원자력 산업 사상 최악의 사고로 꼽히는 이 사건으로 미국 내 반핵 운동이 번지고 결국 지미 카터 대통령은 더 이상 원전을 짓지 않겠다고 선언해요. 그리고 7년 뒤인 1986년 4월 구소련(지금의 우크라이나)의 체르노빌 원전이 폭발하는 대형 사고가 발생합니다. 우리 바로 옆 나라인 일본에서는 2011년 3월에 후쿠시마 원전이 폭발했죠. 여전히 후유증에 시달리고 있습니다. 이후 인류는 핵에 관한 생각이 완전히 바뀌었습니다. 미래의 희망에서 조심하고 또 조심해야 하는, 이왕이면 아예 짓지 않는 게 좋다는 식으로 변했죠. 안전하다고 믿었던 원전이 일으킨 참사를 목도하면서 값비싼 교훈을 얻은 거예요.

전기는 인류에게 이전과는 비교할 수 없는 문명을 선사했습니다. 그런데 이 전기가 어디에서 왔습니까. 바로 광물이었죠. 석탄, 석유가 그렇고 나중에 발견한 우라늄도 돌에서 온 거예요. 말하자면 새로운 석기 시대가 열린 셈이죠. 그러다가 이산화탄소라는, 방사선이라는 눈에 보이지 않는 적을 만난 거예요.

2차 세계대전 이후 미소 양국이 벌인 냉전은 경쟁적인 핵 개발을 불러왔어요. 앞서 말씀드렸다시피 미국과 소련이 주거니 받거니 최초의 원자력발전을 성공시켰고 영국, 프랑스 같은 유럽 나라들이 그 뒤를 이어 핵을 개발했습니다. 우리나라도 일찍 시작한 편이고요.

그래서 핵의 역사를 보면요, 순수한 과학적 호기심으로 시작된 핵 연구가 전쟁을 겪으면서 핵폭탄 개발로 이어지고 전쟁이 끝난 후에는 원전 개발로 나아가요. 1960년대쯤 되면 다양한 영역에 핵 기술을 적용하려고 이런저런 실험을 벌이지요. 그야말로 '원자력의 시대'였습니다. 핵 추진 우주비행체, 잠수함은 물론 비행기, 자동차 엔진까지 가능하다고 생각했어요. 다만 기술적 한계가 늘 문제였습니다. 사람이 타고 있으니 어떻게든 방사성 물질의 유출을 막아야 하잖아요. 그래서 지금 핵 잠수함만 해도 납덩어리, 콘크리트가 많이 들어갑니다. 물속에서 떴다 가라앉았다 하려면 빈 공간이 많아야 하는데 여기에 차폐 물질까지 채워야 하니 크기를 키울 수밖에 없어요. 그래서 핵 잠수함은 길쭉합니다. 공간을 길고 넓게 가져가다 보니 덩치가 커진 거예요. 그러니까 핵은 다양한 분야에 응용할 수는 있는데 안전 문제가 걸려요. 여기에 들어가는 비용이 만만치가 않습니다. 그래서 비용 대비 편익이 일정 수준 이상 나오는 발전소, 잠수함 이런 것들만 살아남은 거예요. 나머지는 구상 차원에 머물고 말았습니다.

수익이 나는 부분에서는 지금도 민영기업들이 핵으로 돈을 벌고 있어요. 미국의 핵발전소 사업은 웨스팅하우스, 제너럴일렉트릭 같은 사기업이 해요. 후쿠시마 원전을 관리하던 도쿄전력도 사기업입니다. 일본은 전기 생산 및 관리를 모두 사기업이 합니다. 국가는 안전성을 검증하는 역할만 합니다. 자동차를 운전하는 건 개인이지만 운전면허증을 나라에서 발급하는 식입니다. 미국과 일본 모두 원자력규제위원회라는 곳에서 통제해요. 우리나라는 공기업인 한국전력공사의 계열사인 한국수력원자력에서 핵발전을 관리하고 원자력안전위원회의 통제를 받습니다.

그러니까 핵이 개발되고 전쟁 무기에서 전기 생산 도구로 바뀌면서 여기에 자본이 개입되는 거예요. 국가가 주도하다가 사기업들이 들어가면서는 '사업'으로 탈바꿈합니다. 이들 기업은 기술을 이전받거나 나라의 지원을 받으면서 승승장구합니다. 그러다가 '안전'이라는 장벽 앞에 무릎을 꿇게 되는 거예요. 그 기점이 앞서 말씀드린 미국 스리마일섬 원전 사고입니다.

그전까지 미국의 핵발전 사업자들은 정부의 보호 아래 성장을 거듭하고 있었어요. 경제 논리가 아닌 국가 주도 사업의 성격을 띠고 있었습니다. 사업자가 손해를 보지 않게끔 보조금, 세금 혜택 등을 줬어요. 그러다 사고가 나자, 이 시스템이 멈춥니다. 더 이상 국가 차원에서 원전을 짓지 않겠다고 선언해요. 그러면서 원전 사업이 자본주의 경쟁 체제 안으로 편입돼요. 화력이나 수력 같은 다른 발전과 비용 대비 수익에서 앞서 나가야 하는 거예요. 하지만 그게 가능합니까? 돈도 많이 드는 데다가 사고 위험까지 있다 보니 사업성이 떨어져요. 경쟁에서 완전히 밀려납니다. 그래서 스리마일섬 사고 이후 2023년 신규 원전을 허가하기 전까지 미국 내에서는 단 한 기의 원전도 들어서지 못합니다.

그래서 소형모듈원자로(small modular reactor, SMR)를 개발하던 미국 뉴스케일파워 같은 기업이 지금 파산 직전이거든요. 이유가 뭘까요. 재생 에너지가 더 싼데, 가스가 더 저렴한데 굳이 왜 원전을 짓느냐는 거예요. 2023년 11월에 뉴스케일파워가 유타주 아이다호에 건설하려고 했던 SMR 발전소 계획이 최종 무산됩니다. 비용이 너무 많이 들어가는 데다 그 돈 내고 전기를 사 갈 사람도 없었던 거예요. 문제는 여기에 삼성물산과 두산에너빌리티 같은 한국 기업이 투자했다는 점입니다. 고스란히 손실을 떠안게 생긴 거예요. 이게 오늘날 원전 산업의 현실입니다.

6

대형 사고들

요약하자면, 핵 개발 초기에는 순수한 학문적 발견에 주목했습니다. 전쟁 와중에는 대량 살상 무기가 되었고요. 이후 전쟁이 끝나자 평화적 이용에 관심을 두었습니다. 핵발전이라는 새로운 영역을 개척했고 그러면서 엄청난 양의 전기를 얻었어요. 그러다가 원전 사고라는 재앙을 맞이하면서 우리가 그동안 원전의 안전 비용을 간과해왔다는 사실을 깨닫습니다.

그 계기가 된 세 번의 대형 원전 사고에 관해 좀 더 자세히 말씀드려 보겠습니다. 먼저 스리마일섬 원전 사고입니다. 1978년 12월 30일에 상업 운전을 시작했는데 그 후 3개월이 지난 시점이었어요.

기묘한 일입니다만, 스리마일섬 원전 사고가 발생한 3월 28일 바로 전인 3월 16일에 영화 한 편이 개봉해요. 제목이 〈차이나 신드롬〉입니다. 그런데 그 내용이 딱 원전 사고 그대로입니다. 원전 사고가 나서 원자로가 녹아내리죠. 고온의 핵물질이 용암처럼 지각을 뚫고 내려갑니다. 영화 제목은 이게 지구 반대편으로 가서 중국까지 간다는, 다소 과장된 표현이에요. 실제 영화 내용은 그렇지 않습니다. 어쨌든 재난 스릴러로 당시 미국에 우후죽순 생겨나던 원전의 위험성을 다뤘어요. 그런데 바로 얼마 후 영화와 똑같은 일이 실제로 벌어진 거예요. 당시 스리마일섬 원전은 두 기의 원자로가 있었고 그중 사고가 난 2호기는 출력이 96만 kW였으니 100W짜리 전구 약 1000만 개를 밝힐 만한 규모였어요.

가압경수로의 구조를 보면, 급수 펌프를 통해 원자로로 물이 공급됩니다. 그러면 원자로 내부에서 발생한 열로 인해 이 물이 뜨거워져요. 이때 150기압 정도 압력이 걸려 있으니 끓지 않고 350도 정도까지 데워지죠. 이 일차측 고온수가 증기발생기라고 하는 일종의 큰 보일러 세관으로 들어가면 바깥에 있는 이차측 물을 끓이게 돼요. 이차측은 압력이 80기압 정도 되니 280도쯤 되는 고온 고압 증기가 만들어지겠죠. 사실 이 정도면 화력발전소보다 낮은 온도와 압력이지만 터빈을 돌리면서 전기를 생산하기에는 충분합니다.

그런데 관리를 담당했던 하청업체 직원이 밸브 하나를 안 닫았어요. 청소하다가 실수로 열어둔 채 간 거예요. 원자로에서 발생한 증기가 터빈으로 가는 도중에 새 나갑니다. 이차측 압력이 떨어지고 증기발생기에서 증기가 빠져나가니 일차측, 즉 원자로 계통 압력이 점점 올라가요. 증기발생기는 줄어드는 이차측 냉각수와 함께 점점 원자로에서 발생한 열을 제거하기 힘들어집니다. 결국 원자로측, 즉 일차측 가압기의 뚜껑이 압력을 견디지 못하고 열려버립니다. 압력이 떨어지죠. 그러면 다시 뚜껑이 닫혀야 정상입니다. 그런데 설계 이상과 함께 작동 불량으로 안 닫힌 거예요. 이제 원자로 압력이 곤두박질치고 통제가 안 되기 시작합니다.

가압경수로는 압력이 가해진 물로 중성자 속도를 조절한다고 했잖아요. 감속이 안 되니까 원자로가 꺼져버립니다. 여기까진 그나마 괜찮았어요. 이때 운전자가 결정적인 판단 실수를 해요. 원자로가 꺼진 걸 보고 물 공급을 중단합니다. 냉각수를 너무 많이 넣어서 식어버렸다고 생각한 거예요. 냉각수가 없는 원자로 내부는 어떻게 될까요. 압력은 계속 떨어지죠. 냉각수는 없죠. 결국 핵연료가 녹아버려요. 여기까지 걸리는 시간이 60분, 정확히는 59분이었습니다. 나중에 냉각수 공급 펌프를 다시 작동시켰지만 때는 이미 늦었어요.

그동안 배출한 방사성 물질들이 붕괴를 거듭하면서 에너지가 방출됩니다. 한동안 급수 펌프가 작동을 안 했으니 내부의 물은 이미 다 증발한 상태였고요. 과장을 보태면 원자로 핵연료가 공기 중에 그대로 노출된 거예요. 그러자 핵연료봉을 둘러싼 금속이 녹아버립니다. 금속이 산소와 만나면서 산화 작용이 일어납니다. 녹이 슬어서 부스러지면서 열을 발생시켜요. 산소를 빼앗긴 물은 수소로 남아서 계속 원자로 바깥으로 새 나오고요. 그러면서 원자로 내부의 세슘, 스트론튬 같은 방사성 물질과 비정상적으로 많은 중성자가 섞인 물질들이 외부로 노출되죠.

물은 모두 산소와 수소 등 기체로 변하고 원자로 온도는 올라갑니다. 결국 노심용융(meltdown), 핵연료봉이 녹아내리기 시작해요. 약 100t쯤 되는 연료 중에 28t이 밑으로 내려앉습니다. 그 온도가 무려 3000도나 돼요. 이제 남은 건 15cm 두께의 탄소강으로 된 원자로 용기뿐입니다. 그런데 다행히도 이게 뚫리지 않아요. 후쿠시마 원전 사고 때는 뻥 뚫려서 용기파손(melt-through) 판정을 받았는데 스리마일섬 원전은 그 정도까지는 안 간 거예요. 불행 중 다행이었죠.

'이유가 뭘까?' 사람들이 궁금해했습니다. 그리고 제가 최초로 그 원인을 밝혀내요. 남아 있던 물이 증발하여 나왔다가 냉각되어 다시 빈 공간으로 들어가기를 되풀이하면서 냉각 기능을 했던 겁니다. 앞서 말씀드린 천연 원자로가 가동됐다가 중단됐다가 했던 것과 같은 원리입니다. 제가 이런 현상을 발견하고 만든 게 간극 냉각(gap cooling) 장치였어요. 핵연료가 일부 녹아 용탕처럼 옆으로 흘러내려 갔으되 다행히도 원자로 하부 용기 내벽에 닿기 전에 굳어서 수축하는 바람에 탄소강과 접착하지 않고 수 밀리미터에서 수 센티미터 단위의 좁으나마 간극이 형성되고, 그 틈바구니를 통해 물이 잔해물을 식힐 수 있었다, 뭐 이런 얘기였죠. 별건 아니지만 유수한 미국 학술지에 실렸고 한때 국제적으로 꽤 유명해졌어요. 제 등록상표나 다름없는 헝클어진 고수머리와 함께 당시 여름, 겨울에 미국 원자력학술대회에 나가면 'Dr. Gap Cooler'로 불리기도 했습니다. 참 오래전 얘기예요. 33년 전 무렵이니까요. 근데 이를 깎아내리는 동료들도 적지 않았지요. 세상이란 게 그렇더라고요. 이유는 없었어요. 단지 '그럴리가?'였어요.

나중에 사고 원자로를 무인 내시경으로 뚫고 들어가서 살펴보니까 딱 제 얘기 그대로예요. 바닥에서 굳어버린 핵연료가 관찰됩니다. 그런데 후쿠시마는 왜 스리마일섬과 달리 완전히 뚫려버렸던 걸까요. 앞서 스리마일섬 원전에서는 핵연료의 30% 정도인 28t이 가라앉았는데 후쿠시마에서는 100t 넘는 양이 한꺼번에 쏟아져 내린 거예요. 간극 냉각이 통하기 전에, 순식간에 원자로 용기가 뚫려버립니다. 그래서 스리마일섬 원전 같은 경우는 외형상 멀쩡해 보입니다. 노심, 그러니까 연료봉이 녹아내리긴 했지만 후쿠시마처럼 완전히 폐허로 변하진 않았어요. 이렇게 밝혀지기까지 위 논문 발표 후 10년 넘게 걸렸지요.

스리마일섬 원전 사고 며칠 후에 사고 현장을 찾은 카터 대통령이 그 자리에서 선언을 했습니다. 이제 미국은 원전 안 짓겠다고 말이에요. 카터 대통령이 해군 출신입니다. 핵 잠수함에서 근무했어요. 심지어 공대 출신입니다. 뭐가 어떻게 돌아가는지 알고 있었던 겁니다. 결국 사고가 난 스리마일섬 원전의 2호기는 영구 폐쇄되고 1호기는 1985년에 재가동했다가 2019년에 운전을 중단했습니다. 2041년 해체 작업에 들어가서 2053년 완료할 계획이라고 해요. 그런데 여기에 들어가는 돈만 수조 원에 이른다고 하니 폐로 비용도 만만찮은 겁니다.

당시 스리마일섬 원전에서도 상당히 많은 양의 핵폐수가 나왔습니다. 그걸 주변의 강에다 버릴 계획을 세웠다가 반대에 부딪혀 포기했어요. 그런데 후쿠시마에서 바다에 버리기로 한 게 134만t이에요. 수백 배나 됩니다. 일본이 그런 엄청난 짓을 벌이고 있는 거예요.

한창 잘나가던 원전이 첫 번째 대형 사고를 만난 게 1979년이었고요. 그 때문에 미국 원자력은 사형 선고를 받았죠. 이후로 근 30년 동안 미국에서는 원자력의 원자도 못 꺼냈어요. 물론 가장 큰 원인은 안전 문제입니다. 하지만 그게 다는 아니에요. 그 사이 재생 에너지가 놀랍게 성장한 거예요. 미국은 땅이 넓잖아요. 풍력, 태양광으로 상당량의 전기를 생산합니다. 비용도 원전보다 훨씬 저렴해요. 그러니 굳이 원전을 세울 이유가 없는 겁니다.

자본주의 경쟁 논리와 안전 문제로 30년 가까이 철퇴를 맞고, 그 대신 기존 원전의 출력을 늘려요. 100만 kW에서 110만 kW로 더 많이 생산하는 거예요. 수명도 연장합니다. 보통 우리나라는 설계 수명을 40년으로 잡는데요. 미국 발전소는 40년을 훌쩍 넘겨서 80년까지도 운전이 가능하다고 해요. 그래서 계속 전기를 생산하기는 하는데 그마저도 경제성이 떨어져 중간에 문 닫는 곳이 생깁니다.

그러다 최근에 미국에서 원전이 다시 지어져요. 2023년 8월에 미국 조지아주에 새롭게 지은 원전이 상업 운전에 들어갑니다. 스리마일섬 원전 사고 이후 처음입니다. 그렇지만 여전히 전망은 밝지 않습니다. 문제는 경제성이에요. 건설 비용이 계속 늘어나요. 원전 한 기 짓는데 처음에는 5조 원이었던 것이 10조, 15조로 눈덩이처럼 불어나요. 당연히 계획이 취소되고 없었던 일이 되죠. 그러면 여기에 투자했던 돈은 전부 매몰 비용이 되는 거예요. 뉴스케일파워 사례는 아예 첫 삽도 뜨지 못합니다. '차세대 원전'을 짓겠다며 여기저기 투자받다가 결국 사업성이 없다는 이유로 백지화됩니다. 우리나라 포함 '개미' 투자자들에게는 손해 막심이죠. 안타까워요. 정부가 잘못된 신호를 주었다면 문제가 있는 거죠. 제가 이미 2023년 초부터 투자 위험을 경고해왔는데 3분기쯤 기미가 보이더니 4분기에 현실이 되었습니다.

스리마일 사고가 미국 원전 산업이 내리막길로 가는 계기였다면, 체르노빌 원전 사고는 전 세계에 핵 사고의 위험성을 알리는 충격적인 사건이었습니다. 체르노빌 4호기 원자로는 스리마일섬의 그것과 매우 달랐어요. 물로 핵분열 속도를 조절하지 않고 흑연을 썼습니다. 사고 지점은 구소련, 오늘날의 우크라이나 지역의 프리피야트라는 작은 시골 마을이었습니다. 여기에 1978년부터 운전을 시작한 네 기의 원전이 있었습니다.

1986년 4월 26일 운명의 사건이 발생해요. 당시 기술자들이 원전 4호기에서 한 가지 실험을 했습니다. 원래는 원자로를 식힐 때 흑연 제어봉을 사용했는데 터빈만으로 한번 원자로를 식혀보자는 생각이었지요. 당시 상당히 유능한 유경험 기술자의 제안이라 별생각 없이 실험을 진행하게 되었습니다. 전기를 끊어도 터빈은 관성에 의해 한참을 돌아가거든요. 그걸 이용하는 게 실제로 가능한지 알아보려고 전기를 끊어버렸어요. 안전장치도 모두 무력화하고, 제동 장치도 불능화했죠. 그런데 원자로 제어봉을 빨리 빼버린 거예요. 갑자기 핵분열이 확 일어나죠. 그리곤 기하급수적으로 출력이 올라가 냉각재가 고갈되기 시작합니다.

제어봉이라는 게 중성자를 흡수하는 역할을 하는 겁니다. 핵분열에서 중성자가 불쏘시개 역할을 하잖아요. 흡수를 못 하니 원자로가 난리가 난 겁니다. 쉽게 말씀드려서 갑자기 불이 확 붙은 거예요. 실수였을 거예요. 제어가 안 되는 상황에서 그만 흑연으로 만든 감속재가 불에 타다 터져버립니다. 원자로에서 폭발이 일어나요. 직원들이 깜짝 놀라서 원자로 온도를 낮추려고 냉각수를 집어넣습니다. 이것도 실수죠. 물이 증기가 되면서 부피가 1000배 늘어납니다. 2차 폭발이 발생하죠. 처음에는 흑연 폭발, 그다음에 증기 폭발이 일어나요.

물이 뜨거워지면서 수소와 산소로 분해가 됩니다. 이걸 '열화학적 물 분해'라고 해요. 산소는 흑연하고 결합해서 이산화탄소가 되고 수소는 그대로 폭발해버립니다. 세 번의 폭발이 연속으로 일어난 거예요. 핵연료가 녹고 원자로가 뚫리는 초대형 사고로 이어집니다. 핵연료는 녹아서 용암처럼 흘러내려 콘크리트 바닥에 '코끼리 발(Elephant Foot)'처럼 굳어버립니다. 그야말로 엄청난 사고가 난 거예요. 빨리 수습을 해야겠죠. 군인들이 투입됩니다. 그 사람들은 결사대나 다름없었습니다. 이미 죽을 줄 알고 전부 유서를 쓰고 들어갔어요. 수십 명이 뚫린 원자로 아래로 들어가서 콘크리트로 씌우는 작업을 합니다. 지하수가 오염되지 않게 하려고, 군인정신으로 그렇게 작업을 했어요. 이때 투입된 인원 중 28명이 한 달 사이에 차례차례 죽어갔습니다. 그래도 해결이 되지 않아서 다시 전체를 콘크리트로 덮는 석관 작업을 진행해요. 그랬는데 또 틈이 생겨서 또다시 작업하고…. 당시 직간접적인 피해를 보았던 유럽 국가들이 전폭적으로 지원에 나섭니다. 우크라이나와 벨라루스 국경 지역이었기 때문에 방사성 물질이 곧바로 스웨덴, 노르웨이 그리고 덴마크, 독일, 폴란드까지 갔단 말이에요. 그러니까 급한 건 서방이었죠. 그러다가 30년 만인 2017년에야 완전히 봉인합니다. 그런데도 또 방사성 물질이 새어 나올까 봐 전전긍긍해요.

6

은폐된 진실

체르노빌 사고의 후유증은 매우 컸습니다. 유엔(UN)이 2005년에 발표한 보고서에 의하면 직접 사망자 56명, 질병으로 인한 추가 사망자가 4000명에 이릅니다. 그러나 다음 해에 세계보건기구는 갑상샘암 발병자가 5000명에 이르며 계속 증가할 거라고 발표합니다. 한편 2006년에 발표한 국제 환경단체 그린피스는 인근 지역에서 발병한 암 환자가 약 27만 명이며 암 외의 기타 질병으로 사망한 사람만 30만 명이 이를 것으로 추산해요. 정확한 수치는 아무도 몰라요. 언제부터 어떤 질병으로 영향을 미쳤는지 조사한 결과가 없습니다. 임상 자료를 조사하다 보면 대략 10만 명 안팎인 것 같은데, 당시 소아 갑상샘암, 불임증 등이 급증했지만 인과관계를 확인할 길이 없어요. 영향이 언제까지 미칠지, 후대에도 암 발병과 관련이 있을지 알지 못합니다.

지금 사람이 살지 않는 체르노빌 지역은 동물의 천국입니다. 사람은 못 들어가지만 동물들은 그렇지 않잖아요. 그래서 이 동물들을 잡아서 표본 조사를 해보니 몸에 방사성 물질이 남아 있어요. 아직 끝난 게 아니라는 거죠.

스리마일섬 원전은 미국 북동부에 있었습니다. 유럽과는 대서양을 사이에 두고 있어요. 그런데 체르노빌은 유럽 한복판입니다. 사고 직후 스웨덴과 핀란드에서 바로 방사성 물질을 감지하죠. 그래서 처음에는 자기네 나라에서 문제가 생긴 줄 알았대요. 그러다 스웨덴 과학자들이 오염원이 소련에 있음을 알아내죠. 각국 언론이 앞다퉈 이 사실을 보도합니다. 그러고서야 소련이 공식적으로 사고 발표를 해요.

당시 서기장이던 고르바초프가 수습하려고 백방으로 뛰어다녔지만 이미 낙진이 전 유럽으로 퍼져나간 후였습니다. 제논, 크립톤, 세슘, 스트론튬 이런 물질들이 바람을 타고 날아가고, 상대적으로 무거운 플루토늄은 낙진이 되어 떨어졌어요. 사고 후 세계는 큰 충격에 사로잡힙니다. 이제 원전은 끝났다고 했어요. 그런데 사람은 금세 또 잊어버립니다. 체르노빌의 교훈에서 배운 게 없어요. 사고 발생 25년 후인 2011년 인류는 또다시 사상 최악의 원전 폭발 사고를 맞습니다.

참고로 당시 제가 후쿠시마 원전 원자로가 다 녹아내렸을 거라고 말했다가 '엉터리'라는 소리를 들었어요. 주요 언론에서 아무도 그 사실을 알리지 않았습니다. 외려 저더러 혼란만 가중한다는 비난만 돌아왔어요. 그러다가 점점 논조가 달라집니다. 석달쯤 지나니까 원자로가 녹았을 수도 있다는 얘기가 나와요. 그러다가 6개월 있다가 도쿄전력에서 사실을 시인합니다.

제 말이 옳았다는 걸 말씀드리려고 하는 게 아닙니다. 다만 우리가 자꾸 현실을 부정하면 또 다른 사고가 일어난다는 걸 꼭 알아주셨으면 해요. 체르노빌 때 끝냈더라면 후쿠시마 같은 재난은 없었을 겁니다.

스리마일섬 원전은 우리나라와 같은 가압경수로였습니다. 참고로 체르노빌 원전은 흑연감속로입니다. 그런데 사고가 난 후쿠시마 원전은 비등경수로였어요. 이건 경수로라 물을 감속재로 쓰긴 쓰는데 원자로 안에서 바로 물이 끓어요. 효율이 높고 비용이 적게 들긴 하는데 대신 전원 공급이 끊기면 원자로 냉각을 못합니다. 방식은 다 다르지만 사고 앞에선 한결같이 무너졌습니다. 그러니까, 감속 방식과 상관없이, 설계 방식과 무관하게 사고가 난 거예요. 그러니까 "우리랑 원자로가 달라서 안전해"라는 말은 통하지 않아요. 원자로 방식이 문제가 아닌 겁니다.

후쿠시마 원전 사고의 원인은 지진이었습니다. 일본은 소위 '불의 고리'라 불리는 환태평양 조산대에 속해요. 지진, 화산 활동이 활발한 지역입니다. 바다에서 지진이 일어나면 그 여파로 '쓰나미'라 불리는 지진해일이 발생합니다. 순식간에 육지를 덮쳐 시설물을 쓸어버리는 해일로부터 원전을 지키는 방법은 단 하나, 해일보다 높게 방어벽을 만드는 겁니다. 그런데 후쿠시마 원전은 대지진이 발생했을 때 해일 높이를 5.7m로 예측하고 설계합니다. 그 정도면 충분하다고 생각한 거예요. 하지만 자연은 항

177

상 인간의 예측을 뛰어넘습니다. 2011년 3월 11일 후쿠시마 원전을 덮친 해일의 높이는 무려 15m였습니다.

지금 소위 원전 전문가라는 사람들이 하는 말이 대형 원전의 '중대 사고' 확률을 100만 분의 1이라고 합니다. 소형 원자로인 SMR은 1억 년에 한 번이라고 해요. 한국수력원자력도 이를 언급하면서 안전성을 확보했다고 말해요. 그런데 우리가 지난 수십 년 동안 대형 원전 사고를 몇 번이나 겪었죠? 확률이 무슨 의미가 있습니까? 확률이 낮으니 안전하다는 말은 성립이 될 수 없습니다.

제가 후쿠시마 원전 사고 이후 여러 군데에서 인터뷰를 제의 받았습니다. 그때 받은 인상이, 국내 언론은 '자기 관점이 없다'였습니다. NHK나 CNN, BBC 같은 해외 언론이 보도한 내용을 따라 하는 데 그쳐요. 심지어 제가 인터뷰한 내용을 방송에서 내보내지도 않아요. 아무리 찾아도 안 보였습니다.

우리나라 언론은 앞서서 진실을 파헤치지 않습니다. 눈치를 봐요. 그러다가 누군가가 바른 소리로 잡아주고 사람들이 여기에 귀 기울인다 싶으면 그때 천천히 뒤따릅니다. 제가 후쿠시마 원전 사고 당시 원자로가 뚫렸을 거라고 말했어요. 그랬더니 여기저기에서 항의가 들어와요. 괜한 소리로 사람들 불안하게 한다고 말이에요.

우리나라는 원전으로 먹고사는 사람들이 많습니다. 정부도 그쪽 편이고요. 이번 일본의 핵폐수 투기 사태 때 또 한번 절감했습니다. 정부는 정부대로 일본 편들죠. 일본은 또 일본대로 배 째라 식으로 나옵니다. 제가 언론과 에스앤에스 등에서 이런저런 비판을 했죠. 일본 후쿠시마 원전 사고 오염수는 '오리수'라고 했습니다. 세슘, 스트론튬, 플루토늄, 삼중수소, 요오드, 이렇게 다섯 개 방사성 물질이 들어있으니 그렇게 부른 거예요.

사람들은 제가 '엉터리 사기꾼'이라는 오명을 씌우고 싶어 했지만 그렇지 않다는 것을 제 이력이 증명합니다. 앞서 제가 미국 웨스팅하우스에서 후쿠시마 원전을 연구했다고 말씀드렸죠. 그래서 그쪽 구조에 대해 누구보다도 잘 알고 있습니다. 국내 유일 전문가라 해도 과언이 아니었죠.

제가 사고 당시 언론에서 한 말들은 과학적 근거가 있습니다. 원전 사고 경위를 분석하는 프로그램이 있어요. MAAP(Modular Accident Analysis Program)이라고 하는데요. 후쿠시마 사고를 이걸로 시뮬레이션 해봤더니 딱 계산이 나와요. 원자로 상태며 방사성 물질이 어느 정도 남아 있는지가 예상됩니다. 저는 그 결과를 대중에게 여과 없이 전달한 거예요. 그런데 반대편은 아무런 근거가 없어요. 그냥 "도쿄전력이 괜찮다는데 네가 왜 나서?" 이럽니다. 무조건 괜찮다고 해요. 결국 "악화가 양화를 구축한다"는 그레셤의 법칙처럼 근거 없는 낙관론이 퍼집니다.

지금 바다에 핵폐수를 투기하는 행위는 범죄나 마찬가지입니다. 해양 방출은 최소 30년쯤은 지나야 고려해볼 만합니다. 그래야 겨우 세슘, 스트론튬이 절반으로 양이 줄어요. 그래서 제가 차라리 핵폐수를 한데 모아 인공 호수를 만드는 식으로 보관하라고 했어요. 토론회에 나가서는 핵폐수 방류 시 암 발생률 예상 자료를 제시했어요. 그랬더니 여당 대책본부 위원장을 맡은 국민의힘 국회의원은 이런 비판을 괴담으로 몰아붙입니다. 심지어 그 국회의원 지역구에 있는 한 어민 협회에서 저를 고발해요. 사유가 놀랍게도 '업무 방해'예요. 제 인터뷰 때문에 태안 지역 수산물 가격이 폭락했다는 거예요. 한마디로 "당신 때문에 장사에 지장이 생겼다"는 이야기였습니다.

그런데 이것도 사실이 아니에요. 해산물 시세가 금세 제값으로 돌아왔거든요. 주변에 변호사도 있고 법관도 여럿 있어서 알아보니 이건 사건 자체가 성립이 안 된다고 조언해요. 그러니까 신경 쓰지 말라고들 했습니다. 하지만 법적으로는 문제가 없을지언정 막상 소환장이 오면 신경이 쓰이죠. 정신적으로 상당한 압박이 느껴져요. 다행히 시민 언론 쪽에 계시는 변호사로부터 도움을 받았습니다.

조사를 받으면서 처음에는 묵비권을 행사하다가 나중에는 제가 근거 자료를 갖고 다 설명을 드렸습니다. 몇 가지 혐의를 받고 있었는데 조목조목 소명하니 담당관도 이해가 되는 모양이었습니다. 이성적인 분위기였어요. 그러는 사이에 인신공격도 많이

받았어요. '선동대학교 괴학과 불명예교수'라는 괴상한 별명부터
해서 '좌빨'이니 뭐니 하는 흉측한 말들을 많이 들었습니다. 제가
정부와 대립각을 세워서 국회의원 선거에라도 나가려는 거 아니
냐고 의심해요. 나이 들어 볼썽사납다는 둥 '초보 정치 낭인' 신
세가 한심하다는 둥 온갖 비방을 퍼붓더군요. 하지만 무대응으
로 일관했지요. 진흙탕 싸움에 말려들고 싶지 않았고, 다만 환멸
을 느낄 따름이었죠. 그러더니 저절로 다들 사그라졌어요. 진실
로 가는 길은 참으로 멀고 울퉁불퉁하구나 싶었습니다.

3부
세계와
핵

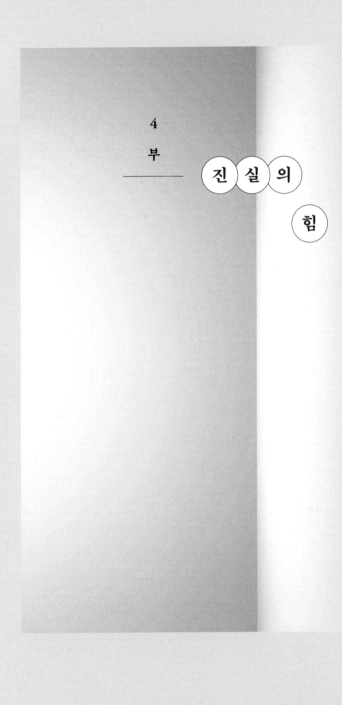

4
부

진 실 의

힘

6

수소폭탄의 그림자

아인슈타인은 1905년 특수 상대성 원리를 발표했습니다. 여기서 그 유명한 공식이 나오죠. $E = MC^2$. 에너지하고 정지질량 값이 같으며 질량이 결손되는 만큼 막대한 에너지로 환산돼 나올 수 있다는 겁니다. 이때부터 '에너지가 곧 물질이고, 물질이 또 에너지다.', '비어 있는데 물질이 있고, 물질이 있는데 비어 있다'는 사실을 물리학자들이 알게 됩니다. 실제로 원자핵의 내부 공간은 대부분 비어 있어요.

질량을 가진 원자핵이 분열하면서 거대한 에너지로 변하죠. 이게 다 아인슈타인의 공식에 들어 있는 겁니다. 일상에서도 이러한 현상이 있습니다만, 다만 미미해서 우리가 감지하지 못할 뿐이에요.

지금 제가 따뜻하게 데운 커피를 손에 들고 있다고 칩시다. 시간이 흐르면서 커피가 식잖아요. 이 두 상태를 비교하면 뜨거운 쪽이 더 무거워요. 에너지가 더해졌기 때문입니다. 에너지는 질량이니까 무게가 늘었다고 이해하면 됩니다. 다만 워낙 미세해서 측정하기가 어렵죠. 이런 일들이 미시의 세계, 원자와 분자의 세계에서 일어납니다.

아인슈타인이 에너지와 질량에 관한 공식을 알아냈을 때만 해도 핵은 과학적 탐구의 대상이었습니다. 그는 우라늄235 1kg이 왜 재래식 폭탄의 100만 배가 넘는 위력을 내는지 설명해주었어요. 아인슈타인은 과학자이자 철학자였습니다. 그의 놀라운 발견을 무기화한 건 오펜하이머를 비롯하여 엔리코 페르미, 세스 네더마이어, 에드워드 텔러 같은 미국 물리학자이자 공학자들이었습니다.

오펜하이머와 페르미는 앞서 말씀을 드렸고요. 네더마이어는 맨해튼 사업에서 내폭 방식을 개발한 사람입니다. 텔러는 수소폭탄을 개발한 사람인데요. 나중에 오펜하이머와 사이가 나빠집니다. 그는 평화를 위해서라도 계속 핵무기를 개발해야 한다고 믿었어요. 하지만 오펜하이머는 하지 않겠다고 했어요. 왜냐하면 히로시마와 나가사키의 참상을 보았거든요.

당시 미국 대통령이던 트루먼은 그보다 더 강력한 무기를 원했습니다. 1950년 수소폭탄을 만들겠다고 선언해요. 소련과의 경쟁에서 우위를 점하고 세계적 패권을 가져오고 싶었던 거예요. 제2차 세계대전을 종결시킨 핵폭탄을 만들어낸 게 바로 미국입니다. 그런데 전쟁 막바지에 이미 여러 나라가 핵 개발을 하고 있었어요. 이 중 소련이 가장 빨랐습니다. 1949년에 마침내 핵 실험에 성공해요. 미국은 깜짝 놀랍니다. 자기들만 만들어낼 줄 알았거든요. 당시 소련은 독자적인 기술이 미약했기에 미국에서 고급 정보를 빼 옵니다. 제2차 세계대전 당시 각국의 첩보전이 매우 치열했습니다. 영화 〈007〉도 여기서 영감을 얻었지요.

전쟁의 목적은 승리입니다. 그래서 여기에 모든 기술과 자원을 총동원해요. 그걸 빼앗아 가려고 스파이를 심고 매수를 합니다. 실제로 소련의 핵무기 개발에는 소련 정보기관의 역할이 컸어요. 상황이 이렇게 되자 주도권을 놓칠 수 없었던 미국이 '슈퍼'라는 이름의 더 강력한 핵폭탄 개발에 들어갑니다. 오펜하이머가 빠지자 에드워드 텔러가 이 계획을 주도해요. 이때 결정적인 역할을 한 사람이 있었으니, 스타니스와프 울람이라는 유대계 미국 수학자였어요. 그래서 수소폭탄 디자인을 '텔러-울람'이라고 불러요.

핵폭탄은 우라늄이나 플루토늄을 원료로 만듭니다. 구체적으로는 우라늄235, 플루토늄239예요. 우라늄은 원자번호가 92번이고 플루토늄은 94번입니다. 원자번호 뒤에 붙는 번호는 양성자 개수예요. 그러니까 뒤로 갈수록 무거운 물질인 거죠. 이 중 자연에 존재하는 건 딱 우라늄까지 해서 총 92종이에요. 그렇다면 플루토늄은 뭘까요? 사람이 만든 겁니다. 우라늄 핵분열 과정에서 만들어지는 인위적인 물질에요.

핵폭탄 원료로 쓰이는 물질에는 공통점이 있습니다. 235, 239처럼 홀수예요. 이 숫자는 양성자와 중성자를 더한 값입니다. 예를 들어 우라늄235의 핵은 양성자(원자번호 92) 92개와 중성자 143개가 묶여 있습니다. 그런데 중성자가 홀수라서 두 개씩 짝을 지어보면 하나가 남죠? 이런 핵은 불안정해서 쉽게 쪼개져요.

광산에서 우라늄을 캐면 1000개 중에 7개만 우라늄235이고, 993개는 우라늄238이에요. 뒤엣것은 웬만해서는 안 쪼개져요. 중성자를 쏘면 외려 흡수합니다. 그러면 상대적으로 중성자가 너무 많은 상태가 돼버리니까 변이가 일어나요. 중성자 하나가 양성자로 바뀝니다. 이게 바로 원자번호 93인 넵투늄239죠. 중성자가 하나 더 양성자로 변하면 원자번호 94번 플루토늄239가 됩니다.

핵폭탄을 만들 때 플루토늄을 쓰는 이유는 우라늄235 구하기가 어렵기 때문이었어요. 우라늄235, 238은 둘 다 원자번호가 92번이에요. 화학적 특성이 같아서 따로 분류하지 않습니다. 238을 빼고 235만 얻는 유일한 방법은 기체로 만들어서 원심 분리기에서 마구마구 돌리는 방법뿐이에요. 그러면 무거운 238은 바깥으로 튀쳐나가고, 상대적으로 가벼운 235가 남잖아요. 이걸 수천 번 반복해서 235의 비율을 높인 게 바로 농축 우라늄이에요. 1000개 중에 950개 정도 될 때까지 합니다.

개발 당시에는 기술이 부족해서 자연 상태에서는 1000개 중에 일곱 개밖에 없는 우라늄235를 모으는 데 엄청난 시간과 비용이 들어갑니다. 하루에 1g을 얻을 수 있을까 말까 한 상황에서

100kg 정도를 모아야 해요. 속도가 너무 느린 겁니다. 그래서 플루토늄을 쓰는데 이때는 폭발 방식을 바꿔야 합니다. 플루토늄 239는 중성자를 하나 흡수해 플루토늄240이 되면서 스스로 분열을 해버리니까 정작 불을 붙였을 때는 힘을 쓰지 못합니다. 그래서 플루토늄 폭탄은 초고속으로 내폭(implosion)을 시키는데 이때 누르는 힘이 30만 기압쯤 됩니다.

이러한 내폭은 구 형태로 배열된 고속과 저속 폭약의 치밀하고 정교한 충격파로 이뤄지는데 100만 분의 1초 내로 동기화돼 일사불란하게 일어나지요. 그러면 안쪽 가운데 있던 플루토늄 덩어리가 2~3분의 1로 줄어들어 맨 안쪽에 들어 있던 중성자원에서 무수히 많은 중성자가 뿜어져 나오면서 1억 분의 83초, 약 100만 분의 1초 만에 핵폭발이 종결됩니다. 다시 말해 내폭에 100만 분의 1초, 핵폭발에 100만 분의 1초, 도합 100만 분의 2초 만에 모든 것이 끝나며 바깥세상은 예전과 사뭇 달라지게 되는 거예요. 핵이 재래식과 전혀 다른 '비대칭' 무기라고 불리는 이유가 바로 여기에 있습니다.

1945년 미국의 핵폭탄 개발은 지난한 과정을 거쳐 완성됩니다. 전쟁은 막바지로 치닫고 있는 시점이었고 빨리 핵폭탄을 만들어서 그걸로 독일을 패망시키려고 했죠. 그런데 그만 뜻하지 않은 변수가 생겨요. 전세가 기울자 히틀러가 자살합니다. 미국으로서는 당황스러울 수밖에 없었습니다. 핵무기를 쓸 데가 없어졌으니까요. 하지만 개발을 멈출 수는 없었어요. 독일이 핵무기 개발에 근접했다는 잘못된 정보도 있었고, 무엇보다 당시 벌써 10조~20조 원이 투입되었던 상태였습니다.

결국 1945년 8월 6일 핵폭탄이 히로시마에 투하되어 상공 580m 지점에서 폭발합니다. 당시 히로시마 인구가 33만 명쯤 됐는데 그중 절반이 사망하고 약 10만 명은 심각한 화상을 입습니다. 3일 뒤 나가사키에서도 7만 명이 그 자리에서 죽습니다. 여기에는 강제로 일본으로 끌려간 한국인 강제 징용자들이 있었어요. 당시 한국인 사망자가 3만 명 정도 된다고 하는데, 아무런 배상도 못 받고 있습니다. 그렇게 제2차 세계대전은 핵폭탄의 등장과 함께 막을 내리죠. 인류 역사 최초로 핵폭탄이 투하되고 일본은 패망합니다.

그러나 전쟁이 끝난 후에도 핵 개발은 계속됩니다. 1950년 이후로 핵시험이 이어집니다. 지하에서 핵폭탄 실험을 하는데 우리에게 익숙한, 폭발과 동시에 땅이 꺼지는 영상은 미국 네바다주에서 실시된 핵시험 장면입니다. 당시 미국인들은 핵에 대해 잘 몰랐어요. 두려움보다는 호기심의 대상이었습니다. 핵시험을 관찰하러 단체로 관광을 할 정도였으니까요.

신기하기도 했겠죠. 도시 하나가 통째로 날아간다는 게 상상만 해도 엄청나잖아요. 관광객을 모집하고 실험장 주변으로 가서 아예 관람석까지 갖춰놓고 구경했습니다. 당시는 핵폭풍이나 버섯구름 외에도 낙진이라는 게 얼마나 무섭고, 인체에 치명적인지 잘 몰랐어요. 일본에서 원폭으로 수많은 사람이 죽거나 다쳤음에도 미국 내에서는 한참 동안 실상이 제대로 알려지지 않았습니다.

그런데 핵시험 이후로 암으로 죽어가는 사람들이 생겨요. 대표적인 인물이 영화배우 존 웨인입니다. 사망 전까지 각종 암으로 고생을 많이 했는데요. 그 원인이 핵시험으로 인한 방사성 물질 유출 때문이라는 의혹이 짙어요. 실제로 그는 생전에 핵시험장 주변에서 영화를 다수 찍었습니다. 심지어 함께 일했던 다른 배우나 영화 제작진들도 암과 백혈병으로 죽습니다. 영화 촬영장이 있던 미국 서부의 유타, 네바다, 애리조나 지역 모두 네바다 핵시험장과 이웃해 있었습니다. 방사성 물질은 꽤 먼 거리까지 갑니다. 한참 떨어진 미국 북동부 오대호 지역에서 지금도 플루토늄이 검출되고 있을 정도예요. 단순히 음모론으로 치부할 수 없는 이유입니다.

나중에는 미국인들도 깨닫게 되죠. 핵시험 관광은 상당 기간 인기를 누리다가 중단됩니다. 하지만 이미 많은 사람이 이유도 모른 채 죽고 난 뒤였어요. 정확히 핵시험으로 얼마나 많은 사람이 피해를 보았는지 알 수는 없어요. 당시 서부 지역에 인디언들이 살고 있었잖아요. 이런 사람들에 대한 피해 조사가 이루어지지 않았습니다.

1950년대는 전 세계에서 핵시험이 활발했던 시기입니다. 미국과 소련의 체제 경쟁이 시작되던 때고요. 핵시험의 피해도 상당히 컸습니다. 실험은 수십 년간 지속되다가 1990년대가 되어서야 멈춰요. 미국과 소련, 중국이 실험을 중지했고 1996년에는 '포괄적핵시험금지조약(comprehensive nuclear test ban treaty, CTBT)'이 유엔에서 채택됩니다. 그 사이 미국에서만 1000번이 넘는 핵시험이 있었어요. 우주에서도 하고 태평양 섬에서도 하고 지하에서도 합니다. 소련 포함 여덟 나라 모두 하면 2000번이 넘습니다. 이미 할 만큼 다 한 거예요. 문제는 조약에 참여하지 않은 다른 나라들입니다. 인도만 해도 1998년에 핵시험을 했죠. 그러자 파키스탄이 이에 질세라 핵시험을 합니다. 2000년대에는 북한이 바통을 이어받죠. 2006년부터 2017년까지 여섯 차례 지하에서 핵시험을 합니다.

과거 우리나라는 미국 핵무기를 갖고 있었으니 따로 핵시험을 할 필요가 없었습니다. 1991년 소련이 해체되기 전까지 남한 전역에 988기의 핵무기가 있었어요. 지금 중국이 가진 게 450기고 북한 보유량은 크게 잡아서 100기쯤으로 추정하는데 그 몇 배나 되는 무기를 보유하고 있었던 거예요. 그러다 1991년 노태우 전 대통령이 비핵화 선언을 했고, 핵무기가 다 빠졌습니다. 하지만 북한에서는 여전히 남은 핵무기가 있을 거라고 의심해요. 당시 남한에 있던 핵은 '전술 핵무기'라는 소형화된 핵폭탄이었습니다. '소형'이라지만 위력은 히로시마와 나가사키에 투하된 폭탄보다 10~100배 정도 큰 것도 있었지요. 설계와 공학의 진화로 체중은 줄었지만 체력은 엄청나니 "작은 고추가 맵다"는 말이 실감나시죠?

6

너도나도 핵무기

냉전 시기에 촉발된 체제 경쟁은 전 세계 핵 확산을 불러왔습니다. 군비 경쟁이 치열했어요. 그 중심에는 미국과 소련이 있었고요. 미국은 현재 한 해 국방 예산만 1000조 원을 넘기는 부국입니다. 구소련도 이에 질세라 핵 개발에 엄청난 돈을 퍼붓다가 결국 국운이 기울고 맙니다. 핵 강국은 됐지만 결국 연방 해체의 길로 들어서죠.

냉전 시기 미국과 소련에 있는 핵무기만 거의 7만 기에 가까웠다고 해요. 말 그대로 인류를 전멸시키고도 남을 양이었습니다. 다 쓸 필요도 없었어요. 무섭게 성층권까지 피어오르는 버섯구름과 함께 방사성 낙진이 태양을 가리고 겨울이 오면서 핵 기근이 찾아오죠. 벼와 밀이 시들고, 땅과 물이 오염되며, 먹이사슬이 송두리째 끊어집니다. 인류와 함께 문명이 절멸할 수도 있어요. 이쯤 되면 인공지능도 하릴없이 무너집니다. 핵에서 터져 나와 지구 자기장을 선회하면서 지상으로 쏟아져 차폐막을 뚫고 밀려오는 초강력 전자기파와 함께 영구정지하게 되겠지요. 지금도 이러한 핵 위협은 상존합니다.

미국과 러시아는 물론 영국, 프랑스, 중국 등 핵비확산조약에서 공인한 핵보유국은 물론 인도, 파키스탄, 이스라엘, 북한 등이 보유한 양을 합치면 여전히 엄청난 핵무기가 우리 삶을 위협하고 있어요.

이쯤에서 다시 한번 전 세계 핵 개발의 역사를 연대순으로 짚어볼까요.

먼저 미국이 1942부터 1945년까지 3년간, 정확히는 2년 8개월 동안 25조 원을 투입합니다. 연인원 17~20만 명, 넓게 잡으면 25만 명이 핵 개발에 동원됐어요. 인류 역사상 손꼽히는 대형 사업이었습니다. 참고로 인류가 지금까지 해왔거나 진행하고 있는 대형 사업으로 첫 번째가 핵 개발, 그다음이 달 착륙, 세 번째가 유전자 지도를 만드는 인간 유전체(genome) 사업이 꼽힙니다. 그 정도로 규모가 컸어요. 그리고 인공지능이 '대용량 언어모형'과 함께 뒤를 잇고 있습니다.

미국이 인류 최초로 원자폭탄을 개발한 게 1945년이죠. 오펜하이머가 이 사업을 총지휘했고요. 그로부터 7년 후인 1952년 미국은 수소폭탄 핵시험에 성공합니다. 히로시마 원폭의 800배 위력이었어요. 소련을 겁박하기에는 부족함이 없었습니다.

수소폭탄의 원리는 '핵융합'입니다. 두 개의 수소 핵이 붙어서 헬륨이 되면서 엄청난 에너지가 발생해요. 수소 원자를 융합시키려면 1억 도는 되어야 합니다. 지금 태양 중심부 온도가 1500

만 도이니 여섯 배가 넘는 어마어마한 고온이 필요한 거죠. 그래도 방법을 찾는 데 성공합니다. 원자폭탄을 터뜨려서 이 열을 생성하는 거예요. 그렇게 해서 수소 원자끼리 결합하면서 질량이 바뀌고 바로 여기서 또 한번 $E = MC^2$이 등장합니다. 즉 광속의 제곱에 비례하는 엄청난 에너지가 발생하죠. 이걸 실현하는 데 7년이 걸렸어요.

그 사이에 소련이 핵 개발에 성공합니다. 이고르 쿠르차토프의 지휘 아래 핵시험에 성공하죠. 그다음은 영국이었어요. 핵폭탄 개발은 사실 영국이 먼저 시작했어요. 제2차 세계대전 초기에 '합금관(Tube Alloys)이라는 사업을 비밀리에 진행하고 있었습니다. 그런데 미국과 소련에 선수를 빼앗겼죠. 절치부심 끝에 1952년과 1957년 각각 원자폭탄과 수소폭탄 개발에 성공합니다. 경쟁국이던 프랑스는 이보다 조금 늦은 1960년 핵시험에 성공해요. 당시 집권 중이던 샤를 드골 대통령이 핵 개발에 적극적이었습니다. 맨해튼 사업에 참여한 바 있는 유대계 프랑스 과학자 베르트랑 골드슈미트가 이 과정을 주도해요.

핵무기 개발에 성공한 다섯 번째 나라는 중국이었습니다. 첸쉐썬이라는 항공우주 공학자가 중심이 되어 진행하는데 이 사람도 맨해튼 사업 출신입니다. MIT에서 공부했어요. 중국은 1964년 핵시험에 성공합니다.

그다음 나라는 이스라엘입니다. 공식적이지는 않지만 실질적인 핵보유국으로 인정받고 있습니다. 프랑스 핵 개발에 참여했던 유대인 과학자들이 모여서 만든 걸로 추정돼요. 특이하게도 핵시험이 없었지만, 1967년 개발에 성공했다고 알려져 있습니다. 이 나라는 현재 핵무기가 있느냐는 질문에 긍정도, 부정도 안 하고 있어요.

남아프리카공화국도 한때 핵보유국이었습니다. '한때'인 이유는 나중에 자진 폐기했기 때문이에요. 이스라엘과 협력하면서 개발에 성공했던 것으로 알려졌는데요. 1970년대 말에 핵시험 장면이 인공위성에 포착되었다는 이야기가 있으나 확인된 바는 없습니다. 그러다 인종차별 정책과 핵 개발에 대한 국제적 압력이 거세지자 1993년 공식적으로 핵무기를 폐기해요.

인도는 1974년에 핵시험에 성공합니다. 인도는 과거 중국의 핵 개발 성공에 상당히 자극받습니다. 국경 분쟁을 겪은 상대국이 핵을 보유한 데다가 1965년에는 인접국인 파키스탄과 전쟁을 벌여요. 안 되겠다 싶었는지 바로 핵 개발에 들어갑니다. 인도는 여전히 핵비확산조약 비가입국이에요. 파키스탄은 이보다 10여 년 늦게 핵을 개발했어요. 압둘 카디르 칸이 오펜하이머 역할을 했고 그가 개발한 기술로 북한과 이란, 리비아가 도움을 받아요.

가장 최근에는 북한이 핵시험을 했지요. 언제부터 개발했는지 확실하지는 않지만 소련의 영향을 깊이 받지 않았을까 싶어요. 오랜 시간 개발을 해온 만큼 기술력도 상당한 것으로 알려져 있어요. 얼마 전에는 재래식 잠수함에 핵무기를 장착했다는 보도가 나왔지요. 잠수함발사 탄도탄(submarine launched ballistic missile, SLBM)에 핵탄두를 달았다고 해요. 보통 핵무기는 핵 잠수함에서 발사하게끔 되어 있어요. 그런데 북한은 핵 잠수함 건조 능력이 없습니다. 나름 방법을 찾은 거죠. 그래서 북한은 핵보유국 중에서 핵 잠수함이 아닌 다른 잠수함에 핵을 실은 유일한 나라입니다. 지금은 핵 추진 잠수함 건조를 추진하고 있는 것으로 알려졌고요.

정확히 알려진 바가 없어서 북한의 핵 개발 능력이 어느 정도인지는 모르지만 꾸준히 진행해온 것만큼은 분명합니다. 일부 전문가들은 북한의 핵무기 폭발력이 프랑스에 버금갈 것으로 추정해요. 앞서 말씀드렸듯이 플루토늄은 시간이 갈수록 위력이 줄어들어요. 그런데 북한 것은 만든 지 얼마 안 됐거든요. 영국도 사실은 핵무기에 관한 한 조금 쇠락하고 있는 분위기입니다. 그런 의미에서 북한이 신흥 강자라고 볼 수 있고요. 그렇다면 사실상 핵보유국인 북한의 위협에 어떻게 대응해야 하는가 하는 질문을 많이 받습니다. 하지만 답을 내기가 상당히 어려워요. 미국을 중심으로 한 국제적 압박에도 불구하고 여기까지 왔다면 스스로 포기할 가능성은 크지 않아 보여요. 돌아올 수 없는 강을 건넌 거나 다름없습니다.

남아프리카공화국과 리비아 사례가 있긴 합니다만, 그 나라는 이제 막 개발에 성공했거나 성공하려는 시점이었어요. 게다가 리비아는 핵 포기 후 정권이 무너졌어요. 2003년에 핵 개발 포기를 하는 대신 미국의 경제 제재에서 벗어납니다. 그 후 카다피 정권이 민주화 시위를 무력으로 진압하자 서방 국가에서 공습에 나섭니다. 2011년 정권은 무너지고 카다피는 사망해요. 이걸 지켜본 북한이 무슨 생각을 했을까요? 미국 측에서는 북한을 협상 테이블로 끌어들이려고 노력 중입니다만 쉽지 않은 상황이에요.

우리도 경각심을 가져야 합니다. 일부이긴 합니다만 미국 전문가들이 한반도 시계가 1953년 7월 정전협정이 이뤄지던 시점으로 되돌아갔다고 지적해요. 그만큼 위협이 증가하고 있다는 뜻입니다. 미국이 우리를 지켜줄 거로 생각하는 사람들도 꽤 있습니다만, 그때와는 상황이 매우 달라요. 미국이 전술 핵을 배치하고 항공모함을 띄우는 데는 시간이 걸립니다.

2024년 1월 북한이 극초음속 미사일 시험 발사에 성공했다고 발표합니다. 무슨 뜻이냐면, 핵탄두를 장착한 미사일이 눈 깜짝할 사이에 서울로 날아온다는 이야기입니다. 그 정도 속도면 평양에서 서울까지 1분이 안 걸려요. 계산상 50초면 도달합니다.

국방부에서는 남한에 배치된 미사일 요격 체계인 사드(THAAD)로 막을 수 있다고 하지만 사드는 원래 고고도 미사일 그러니까 지상에서 수십, 수백 킬로미터 높이에서 날아오는 미사일을 요격하는 장비예요. 갑자기 저고도로 날아드는 미사일을 막기에는 역

부족입니다. 그런데 이런 데 대한 방비가 하나도 안 되어 있어요.

외부적 위협뿐만 아니라 내부 핵 사고에 대한 대비도 필요합니다. 원전 사고로 방사성 물질이 퍼졌다, 그러면 어떻게 합니까? 가장 좋은 건 방공호로 대피하는 거겠죠. 지하가 가장 안전합니다. 그런데 국가 주요 시설물 빼고는 방공호가 마련된 곳이 없잖아요. 시민들은 어떻게 해야 하죠? 지하철역으로 갈 수도 있습니다. 하지만 여기는 정화 시설이 없어요. 지상의 오염 공기가 그대로 내려옵니다. 게다가 이태원 참사에서도 보았듯이 한꺼번에 사람들이 몰려들면 대형 사고가 나기 쉽습니다.

스위스를 본받아야 합니다. 이 나라는 전체 인구를 수용할 수 있는 방공호가 곳곳에 배치되어 있어요. 공공 대피 시설 외에도 집집마다 30여만 개의 방공호가 있습니다. 오죽하면 '대피소의 나라'라는 말이 나올 정도입니다. 모든 대피소를 핵폭발에도 끄떡없을 수준으로 튼튼하게 지었다고 해요. 스웨덴과 핀란드도 국민의 대부분을 수용할 만큼의 대피 시설을 확보했다고 합니다.

그런데 정작 지구상 유일한 분단국가인 우리는 그러지 못해요. 예산이 없다는 것도 핑계 아닌가요? 국민의 생명만큼 소중한 게 어디 있겠습니까. 지금 남한에만 원전 25기가 가동 중입니다. 유사시 북한이 굳이 핵미사일을 쏠 필요가 없어요. 드론에 실어 온 재래식 폭탄으로 이들 원전만 건드려도 곧바로 비상 상황이 됩니다. 이런 데 대한 방비가 안 되어 있어요. 걸핏하면 북한 공격에 대비해야 한다고 언성을 높이는 사람들도 그래요. 이런 사정을 잘 모릅니다. 제가 계속 경고해도 말을 안 들어요. 뭐라고 하면 "미국이 지켜주겠지." 합니다. 하지만 지금 미국 상황을 보세요. 제 코가 석 자입니다. '세계 경찰' 노릇 못 하게 된 지가 꽤 됐어요. 과연 북한이 우리를 위협할 때 바이든이, 트럼프가 지켜줄까요.

우리 나름대로 유사시에 대비할 철저한 방어 체제와 함께 평화를 지킬 방안을 찾아야 합니다. 우리도 스위스처럼 할 수 있어요. 집집마다 방공호를 만들고 아파트 단지에는 공공 대피소를 만들어야 합니다. 최소한 우리 인구의 절반인 2500만 명 정도는 수용 가능한 수준으로 시설을 확보해야죠.

과거 북미 관계 정상화 가능성이 엿보였을 때가 어쩌면 마지막 기회였는지도 모릅니다. 그게 어긋나 버리면서 북한도 완전히 돌아섰어요. 최근에는 러시아와 긴밀해지고 있습니다. 2024년 1월 백악관에서 러시아가 북한제 탄도 미사일을 우크라이나 전쟁에 사용하고 있다고 비난했어요. 상황이 이런데도 우리 정부는 손을 놓고 있는 상황이 안타까울 따름입니다.

그동안의 감축 노력에도 불구하고 오늘날 지구를 초토화시키고도 남을 만큼의 핵무기가 있습니다. 전 세계적으로 1만 기가 넘지요. 다만, 핵을 둘러싼 환경은 과거와는 크게 달라졌어요. 우리 삶을 크게 바꾸어놓았던 '핵'이 서서히 과거의 유물이 되어가는 중입니다.

우선 과학 기술이 엄청난 발전을 이루었습니다. 여러분도 잘 아시는 인공지능 혁명이 현재 진행 중입니다. 제가 보기에 이는 인류 역사를 뒤바꿀 대혁명입니다. 긍정적인 점도 있으나 우려도 큽니다. 과연 인간이 인공지능을 효과적으로 통제할 수 있을까요.

아마도 인공지능이 진화를 거듭하여 창의력을 갖게 된다면 그들이 가장 먼저 할 일은 아마도 '증식'일 겁니다. 세포처럼 스스로 복제하는 거예요. 우리 인간이 과거 그랬듯이 말입니다. 이걸 통제하지 못하면 인간은 인공지능에 의해 밀려날 수밖에 없어요. 우리 인간이 그들보다 잘하는 게 없잖아요. 마치 인간과 경쟁을 하는 듯한 인공지능의 진화는 한편 두렵기까지 합니다. 아직은 인간이 앞서 있긴 합니다. 인공지능에게는 감정도 없고 자기들끼리 소통하는 능력도 없어요.

하지만 어떤 존재든 돌연변이라는 게 있습니다. 우리 인간도 처음에는 언어도 없고 도구도 사용 못 하다가 지금에 이르렀잖아요. 유한한 존재인 인간에 비해 인공지능이 더 나은 경쟁력을 가질 때가 올지도 모릅니다. 지구상에 인간의 숫자가 계속 줄어든다면 인공지능만 살아남을 수도 있겠죠. 공상과학영화에서나 나올 법한 생각이지만, 지금 인공지능이 보여주는 발전 속도로 봐서는 불가능한 일도 아니라고 여겨져요. 새로운 과학, 새로운 발견의 시대가 열린 겁니다. 우리가 그 중심에 설 수 있어요. 무엇보다도 우리에게는 고유의 언어가 있습니다. 한글은 매우 과학적인 언어예요. 양자컴퓨터 등 미래 과학을 여는 데 영어만큼이나 유리한 위치를 점할 수 있다고 봅니다.

차세대 최종병기가 될 수도 있는 양자컴퓨터는 인공지능과 더불어 매우 잠재력이 큰 분야입니다. 그에 비하면 현대의 슈퍼컴퓨터는 주판 수준이라니 과연 상상 초월이죠. 그런데 여기서 사양 산업의 주인공이었던 '핵'이 다시 등장해요. '양자'가 뭡니까? 원자핵을 이루는 입자잖아요. 양자의 특징 중 하나가 바로 '중첩'입니다. 이렇게 겹친 입자는 동시에 여러 상태로 존재합니다. 이런 특성을 컴퓨터에 응용한 게 바로 양자컴퓨터예요.

기존 컴퓨터가 0과 1로 이루어진 2진법의 세계라면 양자컴퓨터는 여기에 0과 1이 겹친 상태가 추가됩니다. 그전에는 1과 0을 반복하면서 계산했는데 양자컴퓨터는 이걸 동시에 해버려요. 그러면서 연산 속도가 기하급수적으로 빨라집니다. 성능이 대폭 좋아지는 거죠. 슈퍼컴퓨터보다 30조 배 빠르다는 이야기가 나올 정도니까요. 그래서 저는 20세기가 핵의 세기였다면 21세기는 양자의 세기가 될 거로 생각해요. 여기에 인공지능 같은 혁신적인 기술이 결합된다면 상상도 못 할 진보가 이루어지겠지요. 문명이 다음 단계로 넘어갈 만큼 경이로움 그 자체일 거예요. 더 이상 저물어가는 핵에 연연해할 필요가 없다는 거죠.

다만 이러한 발전이 인류에게 득이 될지 독이 될지는 알 수 없습니다. 어쩌면 다시 '인간 중심'의 시대로 돌아가 이 모든 기술을 생태계 복원, 생명 연장 같은 쪽으로 적용할 수도 있겠지요. 기후 위기로부터 지구를 구하고 질병으로부터 인간을 자유롭게 하는 방식 말입니다. 결국은 이것 역시 우리 인간의 선택이겠지요. 과거에 핵을 전쟁 도구로 쓸 것이냐 평화적인 방식으로 쓸 것이냐를 두고 고민했던 것처럼 말입니다.

6

후쿠시마는 지금도

후쿠시마 핵발전소 사고가 일어난지도 벌써 13년째입니다. 점점 사람들의 기억에서 잊히고 있지만 현장은 여전히 참혹해요. 이 이야기를 하기 전에 잠시 용어 정리를 하고 넘어갈까 합니다. 저는 핵발전소라는 말이 기술적으로는 맞다고 생각하지만 국내에선 보통 원자력발전소, 줄여서 '원전'이라 일컫죠. 중국은 원자력 대신 '핵능'이라는 표현을 씁니다. 일본은 원자력발전소의 앞 글자만 따서 '원발'로 표기해요. 참고해주셨으면 합니다.

후쿠시마 지역에는 핵발전소가 두 군데에 있습니다. 하나는 제1(다이이치)원발로 여기에는 모두 여섯 기의 원자로가 있었습니다. 제1원발에서 남쪽으로 11km쯤 아래에는 제2(다이니)원발이 있어요. 여기에도 여섯 기의 원자로가 있습니다. 아시다시피 사고가 발생한 곳은 제1원발이죠. 제2원발은 지대가 좀 더 높아서 지진해일의 영향을 거의 받지 않았어요. 폭발 사고가 없었어요. 그러니까 지금껏 말씀드린 후쿠시마 원전 사고는 모두 제1원발 그중에서도 1~4호기에 해당해요. 5, 6호기가 폭발하지 않은 이유는 당시 계획 예방 정비라고 해서 핵연료를 다 빼버렸기 때문이에요. 4호기는 빼는 중이었습니다. 핵연료는 원자로 격납고에 들어가 있었죠. 그 상태에서 지진이 났습니다.

지진이 나면 핵발전소는 기본적으로 운전을 멈춥니다. 그런데 문제는, 이때 원자로 내부 방사성 붕괴 때문에 잔열이 엄청나거든요. 작동을 멈췄어도 끝난 게 아니에요. 당시도 지진이 발생하자 노심에 정지봉이 들어가 핵반응이 멈춥니다. 정지봉은 비상시에 원자로를 멈출 때 노심에 넣는 장치예요. 붕소 등으로 만든 봉이 내부로 들어가서 중성자를 흡수하죠. 중성자는 핵분열을 일으키는 불쏘시개 역할을 해요. 이걸 모두 없애서 핵반응을 멈추는 원리입니다.

그런데 후쿠시마 원자로는 증기발생기가 원자로 바깥에 따로 붙어 있는 국내 원전 방식과 달랐어요. 원자로 내부에서 물을 끓이는 비등경수로입니다. 그래서 정지봉이 위에서 들어가지 않고 아래에서 올라와요. 좀 어리석은 설계죠.

그런데 말씀드린 것처럼 잔열이 남아 있어서 이걸 식혀주지 않으면 핵연료는 물론 원자로가 과열됩니다. 보통 원자로가 정지됐다 하면 '오, 괜찮네.' 하고 생각하지만 그렇지 않아요. 온도가 높아서 반드시 물로 지속적으로 식혀야 합니다. 후쿠시마의 원전은 그러지 못했어요. 정전으로 펌프가 작동하지 않았기 때문입니다. 지진해일이 밀려들어 송전 시설이 다 무너지고, 전력공급이 끊겨버렸잖아요. 그렇다면 원자로를 어떻게 식혀야 할까요?

　주요 시설에는 어디든 비상 발전기가 있습니다. 정전에 대비해서 전원 공급 시설을 만들어놔요. 후쿠시마 원전에도 있었습니다. 비상 디젤 발전기, 축전기 등이 갖춰져 있었어요. 문제는 이런 장비들이 죄다 지하에 있었다는 거예요. 시끄러우니까 지상에 안 둔 겁니다. 잘못된 설계죠. 제가 미국에 있을 때 이 부분도 지적했지만 반영이 안 됐습니다. 지금 생각해도 아쉬운 지점이에요. 물에 잠긴 발전기나 축전기는 무용지물입니다.

　허둥지둥하는 사이 원자로 내부가 끓기 시작해요. 결국 물에 잠겨 있던 4m짜리 핵연료봉 다발이 모두 공기에 노출되고 맙니다. 평소 650도쯤 하던 내부 온도는 1000도까지 올라가죠. 이 정도 온도가 되면 열분해 현상이 일어나서 물이 수소와 산소로 갈라집니다. 산소는 원자로 금속과 결합하면서 산화 현상을 일으키고 가벼운 물질인 수소는 원자로의 틈과 미세 균열을 통해 외부로 빠져나갑니다. 게다가 열분해 자체가 온도를 상승시킵니다. 악순환이 일어나는 거죠. 원자로 내부 온도는 계속 높아집니다.

　제가 기억하기로 핵연료봉이 약 12시간 이상 완전히 노출된 상태로 있었을 겁니다. 굉장히 심각한 상황이었던 거예요. 스리마일섬 원전 사고 때 노출된 시간이 129분으로 2시간이 조금 넘어요. 그러는 동안 원자로의 3분의 1이 녹았단 말이에요. 그러니 12시간이면 내부 상태가 어땠을지 짐작하고도 남습니다. 그래서 제가 KBS, YTN 같은 언론과 인터뷰하면서 원자로가 다 녹았을 거라고 말했어요. 하지만 책임자인 도쿄전력은 사고 후 두 달여 동안 노심융용 사실을 숨겼죠. 그러다 5년 뒤인 2016년이 되어서야 은폐 사실을 인정하고 사과합니다. 그렇지만 사과한다고 뭐가 달라질까요? 사고 당시 바닷물 냉각 외에 모래, 진흙, 납, 붕소 등으로 차폐하는 방안을 실행했어야 합니다.

당시 책임 당국이 핵연료가 녹아내렸다는 걸 모른 체하면서 사고가 더 커집니다. 예전 체르노빌 원전에서도 똑같은 일이 발생하지 않았습니까. 그때는 군인들로 구성된 결사대가 죽음을 각오하고 들어가서 원자로 아래를 콘크리트로 막았습니다. 그런 조치조차 취하지 않은 거예요. 그걸 하는 순간 원자로가 녹았다는 사실을 전 세계가 알게 될 테니까요.

모든 사고에는 '골든 타임' 즉 수습의 황금 시간대가 있잖아요. 핵발전소는 사흘이에요. 그러니까 큰 사고가 났을 때 사흘 동안 신속하게 작업이 이루어져야 해요. 72시간, 이 소중한 시간을 후쿠시마는 모두 놓쳐버렸어요. 부정하느라, 은폐하고 축소하느라 사고를 키운 거예요.

제가 그때 방송에서 콘크리트로 벽을 쳐야 한다고 했던 이유는 그 아래 지하수가 흐른다는 걸 알고 있었기 때문입니다. 예전에 다 연구했던 내용이에요. 하루에 1000t 정도가 흐르는데 그중에 400t 정도가 1, 2, 3, 4호기 원자로 아래로 흐릅니다. 5, 6호기는 조금 떨어져 있었어요. 적지 않은 양입니다. 400t의 지하수가 엿새 동안 흐른다면 2500t인 올림픽 규격 수영장 하나를 채울 만한 양이에요. 오염된 지하수로 주변 지역이 방사능에 노출되는 걸 막아야 했지만 그러지 못했어요.

도쿄전력은 사고가 난 지 무려 3년이 지난 2014년에야 '동토 차수벽'을 설치합니다. 발전소 주변을 빙 둘러서 1m 간격으로 냉각관을 박아서 땅을 얼린 겁니다. 하지만 효과가 없었어요. 이때도 무용지물이니 늦었어도 콘크리트로 막아야 한다고 외쳐댔지만 마이동풍이었어요. '지록위마'하는 자국 내 전문가들의 말만 경청하다가 적지 않은 비용을 공상과학영화 같은 처방에 투자하고 빈손으로 나온 꼴이죠. 그러는 사이 쉬지 않고 지하수가 흘러나옵니다. 결국 일본 원자력규제위원회는 그러지 말고 지하수를 퍼내라고 요구합니다. 사실상 그동안 핵폐수가 계속 유출되었던 거예요.

사고 처리 과정에서 또 하나 문제가 된 것이 있습니다. 원자로가 멈추면서 과열됐다고 말씀드렸는데, 그 온도가 1000도를 넘어 4000도까지 올라갑니다. 우리가 익히 아는 화산 용암의 온도가 1200도입니다. 세 배나 뜨거운 상태죠. 녹아내린 핵연료 물질이 부글부글 끓었을 테고 덩어리가 되어 아래로 가라앉습니다. 그런데 제가 미국 웨스팅하우스에 있을 때 말씀드린 MAAP이라는 전산도구로 모사해보니 녹은 핵연료는 아래로 떨어지지 않아요. 옆으로 떨어집니다. 실제로 스리마일섬 원전 사고 때 내부를 보니까 정말 옆으로 떨어진 거예요. 이때도 제가 미국에서 한동안 유명세를 탔습니다. 이번엔 저를 'Mr. Sideway'라고 불러요. 우리말로 '옆으로 아저씨'쯤 되겠죠.

어쨌든 100t이 넘는 용해 물질이 덩어리째 떨어지니 어떻게 됩니까. 원자로가 뻥 뚫리죠. 원자로 용기는 두께가 10~15cm 되는 탄소 철강이에요. 1000도만 넘어가도 녹습니다. 그러니 후쿠시마 원전 사고 당시 안 녹을 리가 없어요. 균열 정도가 아니라 아예 뻥 뚫려버렸을 겁니다. 그 아래가 콘크리트 바닥인데 이것도 1500도면 부글부글 끓는다고 봐야죠. 우리가 일상에서 경험하지 못해서 그렇지 모든 물질은 다 녹습니다.

원자로가 뚫리고 용암처럼 녹아내린 물질이 콘크리트와 만나면 어떻게 될까요. 원자로 아래 콘크리트 바닥 두께가 기껏해야 125cm밖에 안 되거든요. 숭숭 구멍이 뚫립니다. 그 아래로 지나가는 지하수와 만나죠. 지하수는 바다로 이어집니다. 발전소 자체가 해안가에 있잖아요. 사고 발생 후 그렇게 핵물질이 바다로 흘러 들어갔을 겁니다. 그럼에도 당시 아베 총리는 핵폐수를 완전히 통제하고 있다고 대외적으로 공언했어요. 하지만 현실은 그렇지 않았습니다. 도쿄전력은 2년이나 지난 2013년이 되어서야 핵폐수 유출 사실을 시인합니다. 그러다 2023년 8월부터는 아예 핵폐수를 태평양에 방류하기 시작했어요. 이 정도 양이면 '투기'

가 적절한 표현이지요. 앞으로 30년 동안 무려 134만의 핵폐수가 바다로 흘러 들어갈 예정입니다.

핵발전소는 한번 사고가 나면 수습하는 데 엄청난 시간과 비용이 들어갑니다. 후쿠시마 원전은 궁극적으로 사고가 난 원자로 내부에 남아 있을 핵 연료와 오염 물질들을 모두 제거해야 해요. 그래야 원상 복구가 가능해지죠. 그런 후에 후쿠시마 원전 사고를 기억에서 지우고, 상처, 상흔 다 치유하고 다음으로 넘어가는 거죠. 그게 진짜 힘든 작업이에요. 일본은 여전히 갈피를 못 잡고 있습니다. 심지어 다시 원자력 회귀 정책을 쓰면서 원전을 늘린다고 합니다. 후쿠시마 핵발전소에서는 지금도 방사성 물질이 흘러나오고 있는데 말이에요.

방사성 물질은 인체에만 치명적인 게 아니에요. 사고 수습 당시 투입된 로봇이 몇 초 만에 작동을 멈췄잖아요. 전자 회로가 전부 다 망가져 버립니다. 방사선은 전하를 띠고 있어요. 당연히 합선이 되죠.

2024년 1월에는 로봇 팔을 투입합니다. 그런데 들어가지도 못하고 나와요. 배관이 다 막혀 있었던 거예요. 원자로 내부가 전부 녹아내렸는데 그걸 뚫고 들어갈 수 있겠어요? 여전히 현실을 인정 못 하고 있는 건 아닌가 하는 생각이 들 정도예요. 지금 사고 당시 노심이 녹지 않았던 4호기는 핵연료를 다 빼냈어요. 이제 깨끗해졌습니다. 그런데 1, 2, 3호기는 사고 당시 그대로예요. 터졌을 당시 상태 그대로 멈춰 있어요. 방법을 못 찾고 있습니다. 그러니 폐로는 언제 어떻게 어디서부터 하죠?

도쿄전력 스스로 상황 파악을 못 하고 있습니다. 자신들이 운영하는 원전이 어떻게 망가졌는지 몰라요. 그런 데다 알고 있는 것조차 외부에 숨깁니다. 간 나오토 총리도 몰랐을 거예요. 사고 당시 총리가 온다고 하니까 바닷물이라도 집어넣어서 온도를 낮출까 하다가 멈춰요. 별일 아닌 것처럼 보인 겁니다. 화를 더 키운 거죠. 그러다 나중에 바닷물을 헬리콥터로 퍼 날랐어요. 그러면서 또다시 핵폐수가 발생하고 바다로 흘러드는 악순환이 계속되었던 거예요.

그나마 다행이라면 세월이 약이라고 할까요. 시간이 지나면 방사성 물질이 줄어듭니다. 핵 물질들이 붕괴하면서 점점 안정화되죠. 대표적인 방사성 물질인 세슘137은 30년이 지나면 그 양이 반으로 줄어듭니다. 그래서 반감기가 30년이라고 보통 말하죠. 그러니까 2011년 사고 당시 나온 세슘137은 2041년이 돼야 절반으로 떨어지는 거예요. 또 30년 지나 2071년이면 남아 있던 절반의 절반이 떨어져 4분의 1만 남죠. 또 30년 지난 2101년이면 8분의 1만 남겠죠. 이렇듯 반감기가 열 번째 되는 300년 후, 즉 2311년 쯤엔 거의 다 사라집니다. 2024년 기준으로 보면 사고 발생 이후 13년밖에 지나지 않았으니, 즉 반감기가 아직 덜 되었으니 4분의 3쯤 남아 있다고 보시면 돼요. 스트론튬도 반감기가 29

년이에요. 그러니까 이것도 300년은 지나야 한다는 거죠. 발암
물질인 플루토늄은 말씀드렸듯 24만 년은 지나야 해요. 까마득
한 미래죠.

6

손바닥으로 해 가리기

일본이 핵폐수를 바다에 버리면서 알프스(ALPS)로 핵물질을 걸러 냈다고 주장합니다. 하필이면 스위스의 아름다운 산을 연상하게 하는 이 이름은 'advanced liquid processing system'의 약자예요. 우리말로 '다핵종제거설비'로 번역해서 쓰더군요. 더 정확한 표현은 '다핵종저감설비'죠. 좀 줄긴 하겠지만 없앨 수는 없어요. 현재의 기술 수준으로는요. 그런데 정말 이 거름 장치가 핵물질을 걸러내는지는 검증이 필요해요.

그쪽 주장은 핵폐수에 포함된 스트론튬(Sr)과 세슘(Cs)을 전용 제거기로 먼저 걸러내고 그다음에 알프스(ALPS)로 다른 방사성 물질 62종을 추가로 거른다는 겁니다. 삼중수소를 제외한 스트론튬, 플루토늄, 요오드, 테크니슘, 바륨, 탄소-14 등을요. 그런데 그게 그렇게 쉽사리 될까요? 여태 아무도 그렇게 하지 못했는데 말입니다. 그리고 애초에 걸러낼 양이 너무 많아요. 원전에서 핵폐수 발생은 사고가 없을 때도 생길 수 있고 이걸 처리하는 방식은 나라마다 다를 수 있습니다. 그런데 후쿠시마는 100만t 수준이잖아요. 앞으로 또 100만t 나오고요.

심지어 오염 물질 종류가 너무 많아요. 후쿠시마 원전 사고로 발생한 유해 방사성 물질이 2000종이라면 그중에 위험한 게 200종 정도 돼요. 정말 최소한으로 꼽아야 한다면 64개쯤 있습니다. 그걸 싹 다 무시하고 몇 종만 걸러낸다는 게 무슨 의미가 있습니까. 지금 도쿄전력은 아홉 개 방사성 물질만 관리합니다. 나머지는 모르겠다는 거예요. 자기들이 모르는 걸 마치 그런 물질이 없는 것처럼 말해요. 요약하자면, 현재 알프스 처리는 방사성 물질 일부만 걸러낼 수 있고 그마저도 처리량이 너무 많습니다. 앞으로 수십 년쯤 흘러서 기술이 발전하면 그때나 기대할 만하다고 생각해요.

그런데도 일본 측은 계속 괜찮다고만 해요. 심지어 거짓말도 서슴지 않습니다. 일례로 핵폐수 보관 탱크 청소를 싹 했다고 했죠. 오염 물질 다 제거했다고요. 그런데 뉴질랜드와 피지 등 태평양 섬나라 18개국이 참여한 태평양 도서국 포럼(pacific islands forum, PIF)에서 관련 자료를 검토했더니 사실과 달라요. 핵폐수 저장 탱크의 일부, 겨우 4분의 1만 측정했고 바닥에 고여 있을 고준위 폐기물 농도에 관해서는 아무런 측정 자료가 없었습니다. 결국 도쿄전력 측에서 이실직고했죠. 나머지 4분의 3은 모르겠다고. 그런데도 다들 괜찮다고 해요. 일본 바로 옆 나라인 우리나라 학자들도 그럽니다. 딱 한 사람 저만 계속해서 지적해왔어요. 그랬더니 "도쿄전력이 제거 기술을 개발해서 전부 없앤다는데 왜 못 믿느냐. 네가 기술에 대해 무얼 아느냐?"는 반응들이에요. 억울하기는 해도 시간은 진실의 편입니다. 당장은 아니더라도 갈수록 진실은 그 모습을 드러낼 거예요.

우리가 후쿠시마 원전 사고와 더불어 주목해야 할 곳이 있습니다. 바로 일본의 핵 재처리 시설이에요. 후쿠시마 사고 12년 전인 1999년 9월 작은 어촌 마을인 이바라키현 도카이무라(도카이촌)의 우라늄 재처리 공장에서 방사능 유출 사고가 발생합니다. 667명이 피폭되고 두 명이 사망해요. 후쿠시마 제1원자력발전소에서 남쪽으로 차로 한 시간 거리에 있는 이곳은 1997년 가동을 시작한 이래 2007년 중단할 때까지 크고 작은 사고가 발생했습니다.

이 밖에 앞으로 혼슈 북쪽 끝 홋카이도를 마주 보고 있는 아오모리현 롯카쇼무라(롯카쇼촌)에 새롭게 재처리 공장이 들어섭니다. 도카이무라처럼 사용후핵연료에서 플루토늄을 추출하는 시설입니다. 규모가 후쿠시마 원전의 30배 정도 돼요. 그런 사고를 겪었음에도 훨씬 큰 핵 시설이 들어서는 거예요. 그런데 아무도 이 점을 지적하지 않아요. 우리나라 학자들도 입을 닫고 있습니다. 제가 이런 말씀을 드리면 "어유, 교수님이 세상 걱정을 다 하시네요?", "그런가요? 할 수 없죠." 이런 반응들이에요. 아무튼 일본은 계속 잘못된 선택을 하고 있다는 말씀을 드리고 싶어요.

핵폐수는 세계 바다 생태계에 적지 않은 영향을 끼칠 겁니다.

오염 농도가 묽어지니까 희석되니까 괜찮을 거라고들 하는데, 정말 무책임한 말입니다. 바다가 아무리 넓다고 해도 지구 안에 있습니다. 게다가 서로 돌고 돌아요. 해류를 타고 오염 물질이 세계 바다로 퍼집니다. 그러는 동안 완전히 걸러지지 않은 핵 오염 물질들이 해저로 가라앉겠죠. 바다 생태계가 오염됩니다. 먹이사슬을 타고 우리 인간의 식탁 위로 올라와요. 그럴 일이 없다고 누가 단정할 수 있습니까. 실태 조사, 전수 조사하나요? 안 합니다. 게다가 세슘 같은 몇몇 물질만 봐요. 그냥 표본 조사하고 끝입니다. 삼중수소, 스트론튬, 플루토늄, 요오드, 이런 물질들 역시 인체에 치명적입니다. 모두 확인을 해야 하죠.

오염 물질은 우리가 즐겨 먹는 해조류. 미역, 다시마 같은 해조류에 붙습니다. 넙치, 가자미 같은 물고기의 몸에 축적돼요. 이것들은 더 큰 해양 생물의 먹이가 됩니다. 그 끝에 참치, 다랑어 같은 큰 물고기가 있죠. 태평양 생태계가 어떻게 되겠습니까. 방사성 물질은 몸에만 쌓이지 않습니다. 배설물에도 있어요.

수입물 검사를 하면 괜찮다고 하는데, 이것도 현실을 모르는 이야기예요. 태평양 먼바다에서 잡아 오는 원양 참치, 국적이 있나요? 대한민국 배도 잡고, 일본 배도 잡고, 러시아 배도, 미국 배도 잡습니다. 그런데 우리나라 배가 잡으면 한국산이에요. 수입물 검사에서 제외되지 않을까요?

일본 후쿠시마 연안에서 잡은 물고기들을 도쿄 시장에 출하합니다. 왜냐? 값을 잘 쳐주니까요. 멀지 않거든요. 차로 260km 달리면 됩니다. 활어차로 한 세 시간 걸리겠죠. 그래서 중국은 도쿄산도 적발해요. 우리는 아니에요. 후쿠시마 지역 여덟 개 현만 봅니다. 그것도 세슘만 주로 검사해요. 일본에서 원산지 바꿔치기는 얼마든지 가능합니다. 후쿠시마 농수산물을 오사카에서, 아오모리에서 가공합니다. 홋카이도에서 가공해요. 나가사키에서 하면 나가사키산이고 히로시마에서 하면 히로시마산입니다.

또 하나 무서운 사실이 있습니다. 일본에는 '일본원숭이', '일본마카크원숭이'라고 하는 원숭이들이 살지요. 방송에도 자주 등장하는 이 무리는 온천을 좋아해서 마치 사람처럼 몸을 담그고 있죠. 얼굴이 벌게서 술에 취한 사람처럼 보입니다. 잘 알려지지는 않았지만, 이 원숭이 중에 소뇌증에 걸린 개체가 발견되었다고 합니다. 마치 히로시마와 나가사키에 원폭이 떨어졌을 때와 비슷합니다. 당시 뇌가 작은 미숙아들이 태어났거든요. 그런데 원숭이들이 그렇게 되었다는 걸 어떻게 알았을까요? 사고 이전에 학술 목적으로 일본원숭이에 관한 측정 자료가 있었던 거예요. 이 원숭이들이 내셔널지오그래픽이나 이런 데 자주 나오는 유명한 동물이다 보니 임상 조사가 있었던 듯해요. 체구는 어떻고 식생은 어떻고 하는 걸 기록해둔 겁니다. 그런데 2011년 이전과 이후를 비교해보니 소뇌증과 저체중이 유의미한 수치로 관찰된 거예요. 정황상 후쿠시마 사고의 후유증으로 볼 수 있을 것 같아요.

사고 당시 일본의 국토가 방사능의 위협에 노출되지 않았습니까? 지하수는 물론 땅도 오염됐죠. 그러면 거기서 나는 벼 그리고 기타 작물, 그걸 먹는 소, 이들이 생산한 우유…. 이렇게 퍼져가는 거예요. 먹이사슬을 통한 방사성 물질 확산을 막기란 불가능에 가깝습니다. 전방위적으로 오기 때문에 후쿠시마 여덟 개 현에 있는 가축 몇백 마리 조사한다는 건 그냥 시늉만 내는 거예요.

전수 조사를 해야 합니다. 24시간 전수 조사하고 검출 대상도 세슘은 물론 스트론튬, 요오드, 플루토늄까지, 삼중수소까지 다 봐야 해요. 제가 아무리 그렇게 말해도 안 하는 데는 단 두 가지 이유밖에 없습니다. 돈이 들기 때문이에요. 그리고 오염 사실이 세상에 알려지기 때문입니다. 현실을 인정하고 대비책을 마련하는 대신 저처럼 비판하고 지적하는 사람 입을 틀어막는 데 돈을 쓰고 있어요. 어민들 달래는 데 쓰고 홍보하는 데 씁니다. 서글픈 일이죠. 그러면서 현재 진행 중인 심각한 사안임에도 마치 오래전에 지나간 일처럼 되어버렸어요. 제가 후쿠시마 원전 이야기를 하면 '아직도 후쿠시마야? 그만하지, 이제.' 이런 반응입니다. 지겨워해요, 사람들이.

정부만 탓할 것도 아닙니다. 이걸 받아들이는 사람들도 문제가 있어요. 확 달아올랐다가 금세 식어버리는 경향이 있습니다.

물론 사람들이 각성한다고 해서 쉽게 풀릴 문제는 아닙니다. 그래도 노력은 해야죠. 후쿠시마 핵 오염 물질 처리는 세대와 국경을 초월한 문제예요. 우리 세대에서 끝날 일이 아니라는 뜻입니다. 나는 괜찮을 수 있어요. 하지만 30년 후 미래 세대까지 위협을 받아서야 되겠습니까. 방사성 물질은 유전병의 원인이 됩니다. 오랜 시간 사라지지 않고 우리 인류를 위협할 거고요. 오늘날 핵은 과학으로 풀 문제이자 과학을 뛰어넘는 문제예요. 윤리와 인문의 문제가 되었습니다.

6

무엇이 괴담인가

저는 공학도이긴 합니다만 사람들이 정한 기준, 수치를 믿지 않습니다. 외려 진실을 가리는 역할을 하기 때문이에요. 대표적인 게 확률 타령입니다. 몇천 분의 일, 몇만 분의 일, 하면 마치 일어날 가능성이 아주 희박하다는 듯이 느껴져요. 하지만 현실에서 그 일이 실제로 발생했을 때, 그러니까 일어날 확률이 100%가 되면 이미 때는 늦어요. 어차피 수치나 기준이나 확률이라는 게 사람이 만들고 계산한 거예요. 자기 유리하게 만들기 마련입니다. 고무줄처럼 늘었다 줄었다 해요.

제가 이런 말씀을 드리면 지나치게 비관적인 거 아니냐고 해요. 저는 불안을 조장할 뜻이 전혀 없습니다. 오히려 사실을 정확히 알아야 우리가 막연한 불안과 소위 말하는 '괴담'에서 벗어날 수 있다고 생각해요.

처음 핵폐수 방류가 시작되었을 때 사람들은 분개했습니다. 그리고 걱정을 많이 했죠. 그래서 한동안 일본 여행도 안 가고 해산물도 안 먹고 했습니다. 그러다 보니 사람들이 스트레스를 심하게 받아요. 방사성 물질만큼이나 우리를 괴롭힙니다. 저는 그러

221

4부
진실의
힘

느니 차라리 여행 가고 싶으면 가고, 음식 먹고 싶으면 먹으라고 말씀드립니다. 개인의 선택이니까요. 건강한 성인은 상대적으로 저항력이 있으니 감안하고 판단하면 되는 거예요. 다만 노약자, 노인이나 임산부, 어린아이들은 조심하는 게 좋습니다. 그리고 절대 일본 정부나 도쿄전력의 말을 맹신해서는 안 됩니다. 이미 여러 차례 진실을 숨기고 거짓말을 한 전력이 있잖아요.

의도적인지 아닌지 몰라도 핵폐수를 방류했을 때 '삼중수소'가 핵심 쟁점이 됩니다. 삼중수소는 어떻게 해도 걸러낼 수가 없기 때문이에요. 그래서 우리나라를 비롯한 주변 국가 사람들이 삼중수소 어떡할 거냐고 묻습니다. 그랬더니 농도를 기준치 이하로 떨어뜨려서 내보내겠다고 대답해요. 그러면서 삼중수소가 인체에 얼마나 나쁜지, 혹은 위협이 과장되었다는지 등이 이슈가 됩니다. 플루토늄이나 세슘에서 나오는 약한 방사선이 삼중수소에서도 나오는데 약하긴 해도 우리 몸속 세포의 DNA 구조를 손상시킬 가능성이 있습니다. 건강한 성인이면 그래도 복원이 되니까 덜 걱정해도 돼요. 다만 잘못 이어지면 문제가 생길 수 있고요.

지금 우리나라 한국원자력연구원과 한국해양과학기술원이 공동 연구한 결과를 보면 방류된 핵폐수가 우리나라 바다에 유입되는 농도가 리터당 100만분의 1베크렐 수준으로 예상된다고 합니다. 초기 농도의 10억분의 1 수준이라고 해요. 돌고 돌아 우리나라에 올 때쯤이면 그 정도로 희석이 되어 있을 거라는 말입니다. 저도 그 정도는 무시할 수 있는 수치라고 봅니다.

그런데 핵폐수의 초기 농도는 68만 베크렐로 국제방사선방호위원회(ICRP) 기준에 의하면 1만 명당 한 명꼴로 고형암에 걸릴 확률이 있습니다. 이걸 우리나라가 전부 뒤집어쓰면 5000명이 고형암에 걸릴 수 있고, 일본이 뒤집어쓰면 1만 2000명이 걸리는 셈이에요. 핵폐수로 인해 암으로 사망할 확률 1만분의 1은 결코 적은 숫자가 아닙니다. 서울 잠실야구장에 모인 2만 5000명 중에 두세 사람이 걸리는 거예요. 이게 무슨 뜻일까요. 수산물이 대신 이 정도의 방사능을 뒤집어쓴다는 뜻입니다. 그리고 먹이사슬을 타고 돌고 돌아 인간 몸에 축적될 수도 있겠지요.

또 한 가지, 후쿠시마 원전 원자로에 남은 오염 물질들을 어떻게 할 거냐는 겁니다. 이번 핵폐수 방류는 단순히 일회성에 그칠 문제가 아니라고 봐요. 더 심각한 방사성 물질들도 이런 식으로 처리할 가능성이 있습니다. 한 번 했는데 두 번이라고 못 할까요. 판단은 개인이 할 수도 있지만, 절대로 확률이나 기준치라는 말에 속아서는 안 된다는 점을 다시 한번 강조하고 싶고요.

2023년부터 핵폐수를 방류했지만, 사실은 그전부터 전 세계 바다로 핵폐수가 흘러들고 있었습니다. 제가 선박 평형수 문제를 지적한 것도 바로 그런 취지였어요. 핵폐수가 해류를 따라 퍼지면서 해양 환경을 파괴하고 먹이사슬을 통해 인체에 축적된다는 사실은 많은 분이 알고 있습니다. 그런데 평형수가 왜 문제인지는 잘 몰라요.

대형 선박, 컨테이너선 같은 데 보면 평형수라는 게 있습니다. 부산항 같은 데 가 보면 전 세계를 오가는 배들이 정박해 있어요. 그중에는 일본에서 오는 배도 있습니다. 예를 들어, 후쿠시마현 항구에 도착한 배들이 가져온 화물을 하역합니다. 그러면 그만큼 가벼워진 배가 떠오릅니다. 무게중심이 위로 올라가니까 배가 좌우로 흔들리죠. 중심을 잡으려면 그만큼 무게를 더해줘야 합니다. 또한 배가 웬만큼 가라앉아야 스크루가 추진력을 얻을 수 있어요. 그래서 양쪽에 평형수를 채워서 다시 배를 가라앉히는 거죠. 그때 수돗물 넣을까요? 아닙니다. 보통 바닷물을 이용합니다.

2023년 6월 말부터 〈시민 언론 민들레〉와 〈시민 언론 뉴탐사〉는 일본이 후쿠시마 핵폐수를 평형수로 채워서 전 세계 바다로 뿌린다는 비밀 계획을 세웠다는 충격적인 내용을 특종으로 보도했습니다. 작은 배에 핵폐수를 채운 다음에 후쿠시마 앞바다에 버리면 대형 선박이 이를 평형수로 채워서 세계의 바다로 뿌려 희석시킨다는 거예요. 외무성 내부 인사로 추정되는 익명의 제보자는 일본이 국제원자력위원회의 묵인하에 이런 일을 꾸미고 있다며 관련 문서를 공개합니다.

〈시민 언론 뉴탐사〉는 지금도 부산항에는 일본 국적 배들이 평형수를 우리 바다에 배출하고 있다고 경고해요. 저 역시 다른 매체에 나가 평형수 문제를 지적한 바 있습니다. 후쿠시마 인근 선적 기록을 보면 많은 배가 오간 걸 알 수 있어요. 그곳에서 수천, 수만t의 바닷물을 평형수로 채웁니다.

그랬더니 해양수산부에서 반박합니다. 이미 조사를 다 했고 이상이 없다는 거예요. 하지만 실태를 알고 나면 한숨이 나옵니다. 우리 항구에 들어온 대형 선박은 평형수의 양이 엄청납니다. 수영장 수십 개는 들어갈 정도인데, 이걸 어떻게 조사할까요. 전부 빼서 하지 못하고 일부만 하는 거예요. 오가는 배의 수가 많다 보니 결과를 내는 데까지 최소한 하루, 길게 잡으면 보름은 걸립니다. 심지어 동해안에 있는 동해항에는 장비가 없어서 원주나 춘천까지 가서 검사를 해요. 그동안 배는 가만히 있나요? 또 다른 데로 가버리는 거예요. 애당초 오래된 장비로 세슘만 검사하는 것도 결과가 신통찮은 이유입니다. 체르노빌 원전 사고 때 장비를 여전히 쓰는 경우도 있어요.

제가 고소를 당한 건도 있고 해서 실제로 강릉부터 해서 동해, 속초 그리고 포항, 부산, 제주를 돌아다니면서 어업에 종사하시는 분들, 협회 분들을 만나서 상황을 파악했었거든요. 정부에서는 이상 없다고 하는데 막상 보고서를 보면 엉성해요. 6개월에 한 번씩 검사하거나 대상 물질도 하나밖에 없었죠.

자꾸 평형수 이야기를 하니까 이번에는 공해상에 버리고 온다는 말을 하는데, 일본과 한국 사이에 공해라고 할 만한 곳이 어디일까요? 코앞이 제주이고, 통영, 진해, 여수, 부산, 이렇습니다. 일본에서 정말 공해에다 버리려면 남중국해까지 가야 해요. 그게 가능할까요? 기름값만 해도 엄청나게 들 거고, 정작 중국이 가만 있지 않을 겁니다. 그러니까 공해상에 버린다는 말도 의미가 없어요. 그래서 제가 차라리 연안에 가져와서 제염(decontamination, 오염 물질 제거)을 하라고 했습니다만, 정부는 묵묵부답이에요.

후쿠시마 연안에서 잡은 물고기를 실은 활어차가 우리 땅에서 버젓이 활개를 치고 다니다 시민들에게 적발된 적이 있습니다. 2023년 10월 지난 1년간 후쿠시마 활어차들이 200여 차례나 부산항에 들어와서 1만 7000t의 바닷물을 방류했다는 기사가 실렸어요. 올림픽 규격 수영장 일곱 개 분량이니 제법 많지 않나요? 우리나라 활어차는 일본 땅에서 그렇게 못 다닙니다. 그런데 우리나라에서는 일본 번호판을 달고 그냥 다녀요. 여기저기 다니면서 직접 수산물을 팝니다. 후쿠시마산 수산물 금지 조치가 내려졌는데도 말입니다.

모든 면에서 굴욕스럽기 짝이 없습니다. 정부가 주권 국가로서 제 역할을 하고 있는지 의심스러워요. 한국 정부는 국제원자력기구(IAEA)의 발표를 들어 일본 핵폐수가 안전하다는 말만 되풀이합니다. 그러나 핵 위험성 검증 자체가 엄정하고, 공정하고, 공평하고, 투명해야 하는데 그렇지가 않다는 게 제 생각이에요.

국제원자력기구의 태생 자체에 한계가 있습니다. 1953년 미국 아이젠하워 대통령이 유엔 총회에서 '평화를 위한 원자력'을 주장한 걸 계기로 1957년에 만들어졌어요. 유엔 산하의 독립 기구로 두 가지 일을 합니다. 하나는 핵무기 억제이고 다른 하나는 발전소 같은 평화적 이용의 독려와 진흥입니다. 핵발전소를 '진흥'하는 조직에서 사고 예방은 우선순위에서 밀리기 마련입니다.

국제원자력기구가 일본 편을 드는 데는 또 다른 이유가 있습니다. 후쿠시마 원전 사고 당시 그리고 핵폐수 태평양 방류가 논란이 되던 시기 사무총장이 일본인인 아마노 유키야였어요. 이 사람은 2009년, 2013년과 2017년에 연달아 재임에 성공합니다. 유례가 없는 일이었어요. 여기에는 일본의 지원금이 크게 영향을 미칩니다. 국제기구는 회원국의 분담금으로 운영됩니다. 유엔 산하 단체인 국제원자력기구도 마찬가지예요. 회원국 중 일본은 분담금을 미국, 중국에 이어 세 번째로 많이 냅니다. 미국과 일본의 영향력이 그만큼 크다고 할 수 있죠.

유키야 사무총장은 원자력 전문가가 아니에요. 법학을 전공한 외교부 관료였습니다. 2019년에 병으로 죽었는데 그전까지 일본에 유리한 판단을 했으리라고 추정할 수 있어요. 전문가들은 이미 그때부터 후쿠시마의 방사능 핵폐수를 태평양에 버리기 위한 작업을 다 해놓았을 거라고 보았어요.

2023년 7월에 국제원자력기구에서 원전 핵폐수 해양 방류 감시 최종 보고서를 일본 기시다 총리에게 전달합니다. 결론은 방류가 최선이라는 것이었어요. 그런데 일본은 보고서가 공개되기 한 달 전부터 해저 수로를 완공하고 바닷물을 주입하는 등 방류 준비를 시작합니다. 결과를 이미 알고 있었다는 뜻이에요. 수로 파는 데만 3000억 원이 들었답니다. 인근 주민 보상, 생계 보존 등에 8000억 원이 또 들고요. 그 정도 돈이면 다른 대안을 충분히 생각해볼 만한데도 그러지 않았어요.

일단 핵폐수가 발생했을 때 가장 좋은 방법은 가두는 겁니다. 밖으로 나가지 못하게 하는 거예요. 그런데 일본은 그 반대로 합니다. 예전 스리마일섬 원전 사고 때 미국도 강에다 쏟아버리려고 했었어요. 사고 후 2000t 정도 되는 핵폐수가 발생했는데 주민 반대로 방류를 못 했습니다. 그래서 증발시키고 남은 물질을 보관하는 방법을 썼어요. 이 방식이 대기 중 방사능 농도를 크게 높이지 않을 수 있어 한때 후쿠시마 쪽에서 검토하기도 했어요. 그러다가 왜 굳이 바다에 버리기로 했는지 저는 아직도 의문이에요.

6

한반도는 안전한가

9

지금껏 일본 원전 이야기를 많이 했습니다만, 중국도 핵발전소를 많이 지었습니다. 2023년 6월 기준으로 55기가 가동 중이에요. 우리나라가 25기니까 두 배가 넘죠. 56기인 프랑스와 비슷한 수준인데, 문제는 지금 짓고 있는 게 21기나 된다는 거예요. 3~4년 이내에 76개가 된다는 이야긴데, 그러면 미국 다음으로 많은 나라가 됩니다. 미국이 2023년 7월 기준으로 93기로 알려져 있어요.

중국 원전은 종류도 다양합니다. 경수로, 중수로가 있고 2023년에는 '4세대 원자로'로 불리는 고온기체냉각로가 최초로 가동에 들어갑니다. 중국 자체 개발이에요. 그들의 핵 기술이 상당 수준에 와 있다는 거죠. 개인적으로 격세지감을 느낍니다. 10~15년 전만 해도 중국은 다른 나라 실험 결과 참고하고 베끼면서 발전소를 지었거든요. 이런 추세라면 곧 프랑스를 따라잡는 것은 물론 2030년에는 미국을 제치고 세계 제1의 원전 대국이 될 거로 예상됩니다.

미국은 경제성이 떨어져서 안 짓고 있는 상태인데 중국은 계속 만들죠. 그래서 앞으로는 중국의 핵발전소도 잠재적인 위협이 될 수 있습니다. 사고가 꼭 일본에서만 나라는 법이 없거든요. 게다가 중국 동부는 우리 서쪽에 근접해서 편서풍을 타고 핵물질이 날아오게 됩니다. 중국 산둥반도에서 인천까지 400km가 채 안 돼요. 편서풍이 1000km를 가는 데 사흘이 걸립니다. 그러니까 중국 동부의 원전에서 사고가 터지고 유출된 방사성 물질이 한반도에 도달하는 데 하루 반나절이 안 걸리는 거예요. 산둥반도의 방사성 물질이 인천과 서울 상공을 지나다 우리 머리 위로 떨어진다는 뜻입니다. 비라도 내린다면, 태풍이라도 분다면 그 시간은 훨씬 줄어들겠죠.

후쿠시마는 일본 동부 해안 쪽이라 한반도에 직접 영향을 미치지 못합니다. 이번 핵폐수도 태평양을 돌아서 오죠. 그런데 중국 원전이 터지면 우리에겐 직격탄이나 다름없어요. 우리나라만 그런 게 아닙니다. 일본도 영향을 받죠. 지금 동아시아의 서울, 북경, 도쿄 같은 대도시들이 이웃해 있잖아요. 중심에서 반지름 500km의 동심원을 그리면 그 안에 엄청난 인구 밀도를 자랑하는 대도시가 들어옵니다. 그뿐인가요. 핵발전소 밀집도도 상당하죠.

미국이나 캐나다같이 국토가 넓은 나라의 원전은 인구 밀도가 낮은 곳에 있습니다. 스리마일섬 같은 경우 주민이 3만 명 정도였어요. 후쿠시마 지역도 대피 인구가 10만 명 단위였어요. 우리는 어떻습니까? 원전이 밀집한 동남부 지역 대도시들, 부산, 울산 인구만 합쳐도 400만 명이 넘어요. 중국은 말할 것도 없고요. 인구가 밀집해 있으면 대피도 힘들어요. 신속한 이동이 어렵습니다. 주말만 돼도 도로가 꽉꽉 막히는데 하물며 비상사태 시라면 어떻겠어요. 사고가 나면 오도 가도 못 하게 될 가능성이 커요.

후쿠시마 원전 사고 얼마 후 우리나라에 비가 왔습니다. 그때 방사능비가 우려된다고 해서 경기도 일부 학교에는 휴교령까지 내려졌어요. 만약 중국에서 사고가 난다면, 차원이 다른 위협이 될 겁니다. 한국, 중국, 일본은 적어도 핵에 관해서는 하나로 묶여 있다고 봐야 해요. 지리적으로 그렇습니다. 그래서 삼국이 지속적으로 협력해야 해요. 일본 원자력규제위원회, 한국 원자력안전위원회, 중국 국영핵안전국처럼 책임 있는 기관이 상호 감시해야 하는데, 지금 서로 사이가 안 좋죠.

한중일 원자력안전고위규제자회의가 구성되어 있어서 정기적으로 회의도 하고 운전 기록을 공유한다고는 하지만 작은 사고 하나라도 있으면 상대에게 책잡힐까 봐 숨기느라 바쁩니다. 정말 필요한 것은 직통 전화예요. 유사시에 즉시 상대국에 알려야 합니다. 지금도 있기는 있는데, 관리가 소홀한가 봅니다. 누가 1년 내내 한 통도 안 오는 전화를 받으려고 대기하고 있겠어요. 핵은 나라마다 극비 사항이기 때문에 공개를 잘 안 합니다. 그래서 체르노빌 원전에서 사고가 났을 때, 발트해 건너 스웨덴, 핀란드가 먼저 이 사실을 공개했잖아요. 궁극적으로는 한중일 삼국이 각자 탈핵을 선언해야겠죠. 우리만 독자적으로 해서는 소용이 없습니다. 이웃 나라의 영향을 많이 받기 때문이에요.

지금 중국의 발전 속도가 엄청납니다. '세계의 공장'이라는 말을 들을 만큼 산업적으로 급성장하고 있는데요, 이 말인즉슨 그만큼 전기도 많이 소비한다는 뜻이에요. 그런데 지금 중국 발전량의 70%를 아직도 석탄에 의존해요. 신재생 에너지 규모를 어마어마하게 키워가고 있지만, 워낙 많은 소비량을 충당하기에는 역부족인 거예요. 중국의 전력 소비량이 2022년 말 기준으로 8조 6000억 kW예요. 우리가 8000억 kW 수준이니까 딱 10배가 넘죠. 그런데 인구 대비 계산해보면 우리가 훨씬 많이 사용합니다. 중국 인구가 14억이 넘잖아요. 우리는 고작 5000만이고. 어쨌든 총량이 상당히 많다 보니 원자력을 포기 못 하는 상황입니다.

그동안은 한국이나 중국이 환태평양 조산대에 자리한 일본 쪽보다는 지진이나 지진해일 위험이 덜하다고 여겨져 왔어요. 그런데 최근 아시아 각 지역에서 이상 징후가 나타나면서 앞으로 어떻게 될지 모른다는 생각이 들어요. 당장 중국, 한국, 일본이 속한 유라시아판이 꿈틀거리고 있어요. 우리나라만 해도 경주, 포항 등지에서 자꾸 지진이 발생합니다. 2024년 1월 1일 발생한 일본 이시카와현 노토반도 지진으로 해저 지반이 올라와 육지가 됐어요. 해안선이 200m나 밀려납니다. 지형이 완전히 바뀌어버린 겁니다.

한반도도 역시 지진 안전지대가 아니라는 게 전문가들의 지적이에요. 지질학자들이 우리나라 동해안, 특히 경주 근방에서 규모 7의 지진 발생 가능성이 있다고 경고합니다. 경주는 우리나라에서 원전이 가장 많이 모여 있는 장소예요. 후쿠시마의 원전 사고가 남의 일이 아닐 수도 있다는 뜻입니다. 만반의 준비를 해야 하는데, 정부는 노후 원전을 계속 가동하겠다고 하고, 뭔가 제대로 대비하지 않는 거 같아요. 후쿠시마 원전 사고는 지진해일로 인한 정전이 원인이었습니다. 스리마일섬도 그랬고 체르노빌도 그랬습니다. 전기 공급이 안 된다는 건 원자로를 식힐 수 없다는 뜻입니다. 어떻게든 정전 사태가 나는 걸 막아야 하는 거죠. 그러려면 다양한 가능성을 열어두고 시뮬레이션해서 꼼꼼하게 대책을 마련해 놓아야 해요.

지금까지 큰 원전 사고를 보면 원자로 유형이 경수로, 비등로, 흑연감속로입니다. 그래서 해당 원자로를 쓰는 원전은 나름대로 반면교사 삼아서 대책들을 세워놓고 있어요. 그런데 중수로는 아직 사고가 안 났거든요. 상대적으로 안심하고 있는 듯합니다. 우리나라에는 경주 월성에 네 기가 있습니다. 유일하게 이곳만 중수로를 썼어요. 1983년부터 가동하여 설계 수명이 다한 노후 원전이라 그중 하나는 영구 폐쇄했고 2, 3, 4호기도 2026년~2029년이면 가동을 멈출 예정이에요. 그런데 이걸 계속운전하겠다는 이야기가 나오고 있거든요. 새로 지으면 돈이 많이 드니까 옛날 원전을 계속 운영하겠다는 거예요. 돈 생각하느라 안전은 뒷전인 겁니다.

5
부
———

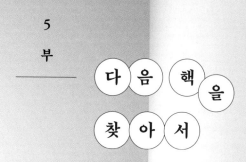

6

우리나라 핵 역사

우리나라 핵발전소는 언제부터 어떻게 지어지기 시작했을까요?

한국의 원자력 역사는 1950년대에 시작됩니다. 당시 대통령이던 이승만은 해방 후 미국에서 귀국하면서부터 핵의 필요성을 절감하고 있었어요. 미국 생활을 하면서 또 히로시마와 나가사키에 떨어진 핵의 위력을 체감하면서 꼭 핵을 가져야겠다고 생각한 거예요. 지도자들에게 핵은 매우 매력적입니다. 국력을 키우고, 국격을 높이며, 국가를 지킬 수 있는 최선의 수단이 되잖아요.

이승만 정부는 1956년 원자력과를 신설하고 미국과 원자력협정을 맺습니다. 3년 뒤인 1959년에는 우리나라 최초의 원자력 연구 기관인 원자력원(Korea Atomic Energy Research Institute, KAERI)이 문을 엽니다. 문교부 산하기관으로 연구와 개발에서 산업화까지 포괄적인 임무를 수행했죠. 오늘날 원자력연구원의 전신입니다.

그리고 같은 해 미국 제너럴아토믹사가 만든 소형 연구용 원자로 트리가 마크 1, 2호기를 서울 노원구 공릉동에 설치합니다. 지금의 한국전력 중앙연수원 자리로, 당시는 서울대학교 공대와 미대가 있었습니다. 어쨌든 그렇게 일찌감치 연구를 시작했고

1978년이 되면 우리나라 첫 핵발전소인 고리 1호기가 운전에 들어갑니다.

박정희 정권 때 지어진 핵발전소 원자로는 가압경수로와 가압중수로, 두 방식으로 설계됩니다. 보통 줄여서 경수로, 중수로로 불러요. '가압'이라는 건 말 그대로 압력을 가한다는 뜻입니다. 물의 끓는점을 높이기 위해서예요. 가압기로 150기압을 주어 370도까지 물이 끓지 않게 조절합니다. 이 정도 기압을 버티려면 장치가 매우 튼튼해야겠죠. 그래서 가압기 두께가 10~15cm쯤 됩니다. 미국형 경수로가 그래요. 그런데 캐나다 쪽에서는 다른 방법을 씁니다. 가압기를 벽을 얇게 하는 대신 그 안에 압력관을 380개 만들어 넣어요. 이 정도면 150기압을 견뎌요. 우리나라 월성에 있는 원자로가 이 방식입니다. 농축하지 않은 천연 우라늄—0.7% 우라늄235 + 99.3% 우라늄238—을 연료로 쓰고 감속재로 중수를 사용합니다. 캐나다에서 개발했다고 해서 캔두(Canadian deuterium natural uranium, CANDU)라고도 하지요.

중수로는 우라늄 농축 과정을 거치지 않는다는 장점이 있지만 그렇다고 값이 저렴하지는 않습니다. 왜냐하면 감속재인 '중수' 만드는 데 돈이 들어가요. 그냥 물, 즉 경수를 쓰면 그 안에 든 수소가 핵분열의 불쏘시개랄 수 있는 중성자를 흡수해서 삼중수소—양성자 하나와 중성자 둘—로 변해요. 우라늄 핵을 깨야 할 중성자가 제 역할을 못 하고 사라지는 거예요.

중수로는 경수가 아닌 중수를 넣습니다. 중수에 있는 수소는 이미 중수소 상태라 중성자가 붙지 않아요. 그런데 자연 상태의 물에서 중수는 5만개 중 하나밖에 없어요. 그러니 이것도 농축을 해야 하는 거죠. 그럼에도 군이 중수로를 선택한 데는 천연 우라늄을 농축 과정 없이 그대로 쓴다는 장점 때문입니다. 게다가 핵분열 과정에서 얻어지는 플루토늄이 중수로에서 더 많이 나옵니다. 아시다시피 플루토늄은 핵폭탄의 원료가 되죠. 정치적 목적이 있었을 수도 있겠다 싶어요.

월성 발전소의 네 기를 끝으로 지금은 중수로를 안 만듭니다. 그나마 1호기는 2018년에 폐쇄 결정이 내려져서 2, 3, 4호기 세 개가 있어요. 여기에 새로 두 기의 원자로를 추가했는데 이건 경수로입니다. 따로 '신월성'으로 불러요. 이 밖에 경북 울진의 한울, 부산 기장의 고리, 울산 울주의 새울, 전남 영광의 한빛 원전 모두 경수로예요.

그런데 신월성 원전을 추가로 지을 때 중수로와 경수로 사이에 경쟁이 붙었어요. 원래는 월성 1~4호기를 만든 캐나다가 계속 공급하려고 했어요. 그런데 미국 기업인 웨스팅하우스에 밀렸어요. 바로 우리나라 최초의 원전인 고리 1호기를 만든 회사입니다. 경쟁에서 밀린 캐나다 중수로 회사는 후에 문을 닫습니다. 우리나라뿐만 아니라 세계적으로 중수로 수요가 줄어든 탓입니다.

1978년에 고리 1호기가 처음 지어졌을 때 우리 기술은 들어가지 않았어요. 일괄발주(turn-key) 방식이라고 해서 일괄 도입 형태였습니다. 납품 업체가 처음부터 끝까지 다 만들어서 발주자는 시동만 걸면 되게끔 하는 겁니다. 자기 기술이 없으니까, 일단 외부에 전부 맡긴 거예요. 당연히 값이 비쌉니다. 기술이 없는 쪽은 손해를 감수해야 해요. 달라는 대로 다 줘야 합니다. 외려 저희쪽에서 '제발 해주십시오.' 하고 매달려야죠. 그러니 부르는 게 값입니다.

이후 우리나라는 자체 기술을 이용한 '한국형 원자로' 개발에 들어가요. 오늘날 한빛으로 이름을 바꾼 영광 원전 1호기(1986년)로 그 결실을 맺습니다. 당시 웨스팅하우스사의 위세가 워낙에 크다 보니 다른 경쟁 업체에서 유리한 조건을 내걸었습니다. 미국 컴버스천엔지니어링(Combustion Engineering, CE)에서 기술 이전과 저렴한 비용 등을 내세우고 우리와 협상을 합니다. 그래서 1986년도에 우리 기술자가 40명 넘게 CE가 있는 미국 코네티컷주에 있는 윈저라는 소도시로 연수를 갔어요.

눈물겨운 노력 끝에 자체 기술로 처음 만든 게 OPR1000입니다. 'OPR'이라는 게 'optimized power reactor'의 약자로 '표준형 원전'이라 일컫지요. 100만 kW 급이었습니다. 최초의 국산형인데 당시만 해도 완전 100% 자체 기술은 아니었습니다. 95%였죠. 5%가 별거 아니라고 생각할 수 있겠지만 핵심기술이 빠지면 못 돌아갑니다. 어쨌든 일부를 제외하고 다 우리 기술로 개발을 합니다.

그런데 이 원자로의 기술 이전을 해준 회사가 망해요. 심지어 그 회사를 인수한 곳이 경쟁사인 웨스팅하우스입니다. 나중 일이긴 합니다만, 기세등등하던 웨스팅하우스는 이후 몰락의 길을 걷습니다. 1999년에 영국 기업에 인수되었다가 2006년에는 도시바로 넘어가요. 당시 우리나라 두산중공업도 인수전에 참여했다가 실패했죠. 웨스팅하우스는 2017년 3월 파산합니다. 이걸 기점으로 일본의 상징적 기업인 도시바도 몰락하죠. 2023년 150년 전통 기업 도시바는 상장 폐지됩니다. 웨스팅하우스 인수 당시 이미 세계 원전 산업이 불황이었거든요. 망할 기업을 샀다가 함께 망해버린 겁니다.

웨스팅하우스는 돌고 돌아 2022년 미국 신재생 투자 회사와 캐나다 우라늄 생산업체가 만든 컨소시엄에 팔려요. 그 후로는 눈을 부릅뜨고 수익을 챙기죠. 웨스팅하우스가 가진 원천 기술이 상당히 많습니다. 그동안 기술이 가장 앞서 있었으니까요. 문제는 우리가 국산화에 공을 들일 무렵 웨스팅하우스의 핵심 기술을 베끼는 사례가 종종 있었다는 겁니다. 결국 나중에 지식재산권을 두고 다툼이 생겨요.

우리나라가 2009년에 아랍에미리트(UAE) 원전 사업을 수주합니다. 이게 자체 개발한 '신형경수로(Advanced Power Reactor

1400MW, APR1400)'인데 2022년부터 가동을 시작했죠. 그러면서 분위기가 좋아졌습니다. 그러자 그해 10월 웨스팅하우스에서 미 연방법원에 소송을 제기해요. 한국의 한국수력원자력이 수출하는 한국형 원전이 자사의 기술을 활용했다며 지식재산권을 침해했다는 내용이었어요.

이듬해 10월에 각하되기는 했지만 판결 취지는 한국이 지식재산권을 침해하지 않았다는 얘기가 아니었어요. 소송의 주체가 웨스팅하우스가 될 수 없다는 것이었습니다. 권한이 미국 정부에 있다는 걸 확인해준 겁니다. 당연히 웨스팅하우스 측에서는 계속 딴지를 걸죠. 2023년 4월에는 같은 모델을 체코에 수출하려고 했다가 미국 정부에 의해 제동이 걸립니다. 웨스팅하우스와 협의하라는 거예요. 폴란드와는 이미 계약까지 마쳤는데 웨스팅하우스에서 언론에 대고 절대 있을 수 없는 일이라고 못을 박죠. 물론 협상을 하면 되긴 합니다만, 그쪽에서 지식재산권 사용료로 얼마를 요구할지는 모르는 일이에요. 앞으로도 한국형 원전 수출에 난관이 예상되는 이유입니다.

6

핵은 깨끗하고 안전한가

핵발전소를 우리 기술로 만들기는 했는데, 그렇다고 해서 크고 작은 고장이 없었던 건 아닙니다. 알려진 것도 있고 그렇지 않은 것도 있지만 사고가 꽤 있었어요. 대표적인 게 고리 1호기입니다. 우리나라 최초 원전인 만큼 낡았어요. 그동안 100건 이상의 고장 사고가 발생합니다. 그중에는 정전 사고도 있었어요. 이건 정말 조심해야 할게, 냉각수 등을 공급할 펌프가 멈추면 최악의 경우 후쿠시마의 핵발전소처럼 원자로가 녹아내릴 수 있는 겁니다. 다행히 곧 수리를 했어요. 경수로는 그 특성상 미세한 균열이 생길 가능성이 있습니다. 고리 1호기는 2007년에 설계 수명인 30년이 끝나 가동을 중지했다가 10년을 연장해서 2017년까지 운영을 했습니다. 그래서 일단은 걱정을 덜 수 있었고요. 2023년 4월에는 운영 허가 기간 40년이 만료된 고리 2호기도 발전을 중단합니다.

우리나라 원전은 40년 씁니다. 그런데 '수명연장' 또는 '계속운전'이라고 해서 원자력안전위원회에서 심사해서 이상 없다 싶으면 10년 단위로 연장해줍니다. 미국 같은 데서는 20년 단위로 연장 허가를 내줍니다. 최근에는 설계 수명의 두 배인 80년까지 운전시키는 방안을 추진 중이라고 하더군요. 신규 원전이 없으니 전력을 그렇게라도 확보하려는 겁니다.

그런데 이 '수명연장'이라는 게 정말 믿을 만한지 생각해보아야 합니다. 기준이 자의적이기 때문이에요. 우리가 앞서 방사선 노출 기준치를 비판했듯이 설계 수명으로 안전 정도를 결정하기가 애매해요. 그러다 사고라도 나면 누가 책임을 지겠어요. 그러니 기준이라는 게 갈수록 높아질 수밖에 없습니다. 높은 기준을 충족하려면 여기저기 손을 보아야겠죠. 여기에 비용이 엄청나게 투입됩니다. 수조 원 들여서 기존 핵발전소를 수리해서 쓴다는 게 경제적으로 손해잖아요. 배보다 배꼽이 더 커집니다. 그럴 바에야 천연가스나 재생 에너지를 쓰는 편이 훨씬 나아요.

사업자로서는 고민에 빠질 수밖에 없습니다. 우리는 계속 살려서 쓰는 쪽으로 왔죠. 그런데 미국 같으면 주저 없이 버립니다. 왜냐하면 그게 자본주의니까요. 다시 한번 말씀드리지만 미국에서 핵발전소는 셰일가스, 신재생 에너지와의 경쟁에서 백전백패합니다. 사정이 이렇다 보니 짓기로 했던 원전도 포기하는 지경에 이르렀어요. 앞서 뉴스케일파워 SMR 사업라고 해서 소형모듈 원자로 사업이 전격 중단되었다고 말씀드렸었는데요, 비용이 너무 많이 들어가는 거예요. 미국이 이런데 세계 원전 시장이 좋아질 리 없습니다. 그래서 미국에서는 방사성 물질 전문 처리 기업이 가동 중단 원전을 매입해요. 그런 다음 정부의 원전 해체 기금으로 이익을 남기는 겁니다.

사람들이 조금 착각을 하고 있는 게, 기후 위기가 도래하면서 탄소 배출 없는 원전이 환영받을 거로 생각하고 있어요. 일례로 2022년 7월 유럽 연합(EU)에서 친환경 분류 기준인 '그린 텍소노미(Green Taxonomy)'에 원자력과 천연가스를 포함했다고 해서 우리나라 원전 산업 관계자들이 무척 흥분한 적이 있습니다.

그런데 내용을 꼼꼼히 살펴보면 절대 원전에 유리하지가 않아요. 해당 보완 법안에 의하면 친환경 산업의 원전 포함 조건이 다음 세 가지예요. 하나는 사고저항성핵연료 적용이고 두 번째는 2050년까지 고준위 방폐물 처분장 운영 계획 제시, 마지막 세 번째는 최신 안전 기술 기준 적용입니다.

'사고저항성핵연료'라는 건 핵분열 과정에서 수소가 나오지 않아야 만들 수 있습니다. 수소가 폭발의 원인이 되기 때문에 이런 규정을 넣은 거 같은데요. 그러려면 물을 쓰지 않아야 해요. 물 없이 원자로를 식히는 건 지금 기술로는 매우 어렵습니다. 그리고 고준위 핵폐기물은 지금 우리나라에 처리 장소가 없어요. 그냥 발전소에 고스란히 남아 있습니다.

핵폐기물을 어디에 버릴 것인가 하는 문제로 예전에 크게 몸살을 앓은 적이 있어요. 기억하실지 모르겠지만 2003년에 전라북도 부안에 방폐장을 설치하려다가 실패합니다. 주민들의 거센 저항에 부딪히죠. 유혈 사태까지 일어나는 등 갈등이 무척 심했어요. 20년 전에도 그랬는데 후쿠시마 핵발전소 사고 이후로 경각심이 더욱 커진 지금 이게 가능할까요? 그럼에도 지금 정부에서는 핵발전소 설립을 계속 밀어붙이고 있는 실정입니다. 안전성 논란이 거듭됨에도 노후 원전 수명을 연장하고 신규 원전 계획을 수립합니다. 시장은 계속 좁아지는데 수출 정책을 펴요. 나중에 누가 어떤 손해를 볼지 몰라요.

지금 각 발전소에 임시로 저장되어 있는 핵폐기물만 해도 양이 계속 늘어나요. 보관할 공간이 점점 부족해집니다. 영구 저장할 장소를 찾아야 해요. 국내에서는 그 어디서도 안 받아줍니다. 그럼 해외로 눈을 돌려야 하는데요, 그 나라에서 받아줄 리도 없지만 미국이 그걸 허용하지 않을 거예요. 핵폐기물 중에는 플루토늄이 있잖아요. 한미 원자력협정에 의해 이 부산물 처리는 반드시 허락을 받아야 해요. 핵폐기물이 지금 갈 데가 없습니다.

우리나라 핵폐기물 중에는 발전소 안에 있는 것도 있지만 나와 있는 게 있어요. 내부에 둘 데가 없는 겁니다. 약 2만t의 핵폐기물이 그렇게 보관 중이에요. 그런데 아까 초기에 지은 원자로가 중수로라고 했잖아요. 이건 폐기물이 훨씬 더 많이 나와요. 그래서 지금 발전소 터 야외에 보관 중인 게 많습니다. 발전소 밖으로도 못 나가죠. 당장 주민들이 반대할 테니까요.

지금 우리가 북한 핵 위협을 걱정하는데요. 내부적으로 쌓인 핵물질도 만만치 않아요. 안전성 확보가 시급합니다. 지금 보관 중인 핵물질에 문제가 생기면 사태는 걷잡을 수 없이 커질 수 있습니다. 우리나라는 핵발전소가 밀집되어 있는 데다 지역 인구 밀도가 높아요. 게다가 대피 시설도 불충분하죠. 사람들이 방사성 물질을 피해 도시 바깥으로 빠져나가는 데만도 시간이 오래 걸릴 겁니다. 그러면 집 안에서 버틸 동안 먹을 비상식량, 의약품, 정화 시설이 확보되어 있을까요? 우리는 이런 데에 무방비 상태예요.

핵발전이 경제성과 시장성이 내리막길인 데다 뒷감당이 안 되는 시점까지 온 거예요. 싫든 좋든, 그만두어야 할 때가 된 겁니다.

6

밑 빠진 독에 물 붓기

간혹 기술이 문제를 해결해줄 거라고 믿는 사람도 있어요. 하지만 지금껏 말씀드린 내용이 모두 당장 해결해야 할 문제들입니다. 기술은 앞으로 있을 일이고요. 우리가 관심을 두고 있는 기술도 유효성이 검증되기까지 시간이 걸려요.

오늘날 알려진 방사성 물질 처리 방안 중 하나로 미생물 기술이 연구되고 있어요. 흔히 '방사능 먹는 세균'으로 알려진 슈와넬라균은 방사성 물질을 갉아 먹어요. 나중에 양산이 가능해진다면 모를까 아직은 실험 단계이고요. 현재 기술로는 핵물질을 완전히 제거하는 것은 불가능합니다.

요즘 언론에서 소형모듈원자로(SMR)가 자주 등장합니다. 작게만들어서 제작 비용을 줄인다고 해요. 저도 학교에 있는 동안 개발에 관여한 적이 있어요. 그런데 이것도 어폐가 있어요. 작은 만큼 출력이 작습니다. 애초에 원전이 커진 데는 이유가 있어요. 그래야 단가를 조금이라도 낮출 수 있기 때문입니다. 대신 소형 원자로를 많이 짓자고 하는데 그러면 애초에 경제성이 좋다는 말이 성립이 안 되잖아요. 오죽하면 기술적으로 가장 앞서 있다는 뉴스케일파워에서 이 사업을 추진하다가 접었겠어요. 안전성도 검증이 안 된 상태입니다. 구조가 간단하다고 해서 사고 발생 가능성이 작다고 할 수 없어요. 오히려 그 수가 늘어나니까 관리가 더 힘들어질 수 있습니다.

소형로 말씀을 조금 더 드리자면, 뉴스케일파워의 SMR 사업 장소인 아이다호가 미국 유타주에 있어요. 아시다시피 그곳은 미국 서부의 황량한 지역입니다. 그 옆에 애리조나, 네바다, 뉴멕시코주가 있어요. 사업에 성공하려면 전력 수요자가 있어야 합니다. 그래서 지방자치단체에 의사를 타진했어요. 그런데 수요가 별로 없는 거예요. 보니까 굳이 핵발전소에서 사다 쓰지 않아도 되겠거든요. 가스도 있고 신재생 에너지도 있습니다. 값도 훨씬 저렴해요.

수요가 없으니 사업성이 떨어집니다. 사업성이 안 보이니 주가가 떨어집니다. 주가가 떨어진다는 건 그만큼 자본금이 부족해진다는 뜻이에요. 그래서 투자자들도 빠집니다. 결국 사업은 무산됐어요. 우리나라 대기업 몇 군데도 이 사업에 투자했다가 손해를 보게 생겼습니다.

그런데 백지화 선언이 나오기 전인 2023년 5월 초 국내에 소형원전 건설을 추진한다는 보도가 나왔어요. 경상북도의 한 지자체에 소형원전을 지어 인근 산업단지에 전력을 공급하겠다는 계획입니다. 언론에는 최첨단 기술인 것으로 포장되었는데요,

거꾸로 말하면 아직 검증이 안 되었다는 뜻입니다. 시운전은커녕 지어보지도 못했고, 앞으로 무슨 일이 생길지 모르는 기술입니다.

의도는 좋아요. 개념은 좋습니다. 일단 크기가 작아서 핵분열로 발생하는 열이 기존 것보다 덜하다고 합니다. 그래서 자연 대류 방식, 즉 펌프 없이 그냥 자연 순환으로 열을 식힐 수 있다고 해요. 바다나 호수가 강가가 아닌 내륙에도 지을 수 있다고요. 후쿠시마 핵발전소 사태 때처럼 냉각 펌프 고장으로 사고 날 일이 없다는 뜻입니다. 그런데 자연 대류로 열을 식히는 데는 시간이 걸립니다. 펌프를 돌리는 이유는 그만큼 빨리 식기 때문이에요. 즉, 효율성을 따져보아야 합니다. 이런 작은 원전을 여러 곳에 설치한다고 해서 핵폐기물이 줄어드는 것도 아닙니다. 오히려 절대량은 많아져요.

장단점을 잘 따져보아야 함에도 우리나라가 굳이 위험 부담을 떠안겠다고 합니다. 그동안 투자한 돈이 아까울 수는 있어요. 그렇다고 해서 망해가는 회사의 제품을 사서야 되겠습니까. 지금 미국 뉴스케일파워사는 휘말린 소송만 20~30개 됩니다. 소송 비용도 만만치 않아요. 주가는 떨어지죠. 소송은 자꾸 걸리죠. 그래서 결국 금전적으로 압박을 받습니다. 언론 보도에 의하면 2024년 1월에 비용 절감을 위해 정규직 직원 28%를 해고했다고 하더군요.

사정이 이런데도 우리 정부는 현실 파악을 못 합니다. 비록 1호 사업은 접었지만 2호, 3호 사업이 남아 있으니 희망을 가지라고 해요. 2호 사업 대상지가 어딘 줄 아세요? 바로 우리나라입니다. 앞서 말씀드린 경상북도 지역이에요. 우리 정부가 이렇게 몰락해가는 사업에 자꾸 돈을 쓰고 다니는 이유가 뭔지 모르겠어요. 정치적 목적이 있더라도 자본주의 사회에서 최소한 수지 타산은 맞추어야 하지 않을까요.

지금 차세대 원전으로 평가받는 소형로는 좀 더 검증이 필요해요. 경제성이 떨어진다는 점이 이미 밝혀졌고 또 아직 아무도 안전성을 보증할 수 없다는 걸 이해해야 합니다. 아무리 완벽하게 설계했다 하더라도 실제 운전 경험이 없으면 실전 경험이 없는 초보나 마찬가지입니다. 소형로가 내세우는 안전성 중 하나가 유사시 수조 속의 물로 30일간 잔열 제거가 가능하다는 겁니다. 그런데 만약 그런 일이 한번 생겼다고 하면 다음에 어떻게 쓸 거냐는 거예요. 물이 차면 유지 보수가 쉽지 않아요. 만약에 지진이 난다면, 그 충격을 견뎌야 합니다. 그러다 보면 균열이 갈 수 있죠. 그러면 물이 새겠죠. 제가 보기에는 아무것도 입증이 안 됐는데, 기존 원전보다 안전하다고만 해요.

자연은 항상 인간의 상상력을 뛰어넘습니다. 후쿠시마 핵발전소 사고를 예측한 사람은 아무도 없었습니다. 그래서 우리가 새로운 기술이 적용된 원전을 도입할 때는 신중해야 해요. 운전 경험은 있는지, 이런저런 변수에 어떻게 대응했는지를 물어야 해요. 그런데 우리는 묻지도 않고 그냥 가져온다고 합니다. 작다고 해서 안전하다는 건 착각에 불과해요.

자동차를 만들어서 팔려면 기본적으로 안전성 허가를 받아야 합니다. 지금 도로에 다니는 차들이 다 그런 절차를 거쳐서 운행되는 것들이에요. 그런데 엔진이 작아졌다면 어떻게 해요. 구조가 바뀌었을 테니 다시 검사를 받아야 합니다. 그런데 소형로는 아직 그런 게 없어요. 검사받는 데만 2년이 걸립니다. 1호 사업은 이미 망했고 2호 사업은 우리나라, 3호는 카자흐스탄이라고 하는데요. 앞으로 어찌 될지 여러분과 함께 지켜보아야 할 것 같습니다.

6

핵을 품은 지구

북한은 1960년대에 영변원자력연구소를 만들었습니다. 소련에서 작은 연구용 원자로를 지원받아서 연구를 시작한 걸로 알려져 있습니다. 1965년에 IRT-2000이라는 원자로를 최초로 가동하죠. 그러다가 2006년에 핵시험까지 했습니다. 워낙 장막에 덮여 있어서 개발 정보를 확인하기가 쉽지는 않아요. 어쨌든 지금은 핵무기를 보유하고 있는 것으로 평가되고 있고요.

지난 2023년 11월에는 영변 핵 시설 내에 실험용 경수로(experimental light water reactor, ELWR)를 시운전한 정황이 발견되었다고 합니다. 국제원자력기구 말로는 기존 5MW급보다 큰 25~30MW급이라고 합니다. 표준형원전 OPR1000(1000MW)이나 신형경수로 APR1400(1400MW)과 비교하자면 약 50분의 1 수준이에요. 아주 작은 실험용입니다. 여기에 대해 우리나라 국방부장관이 해당 원자로 용량이면 영변 지역에 공급할 전기량과 비슷하다며 발전용일 뿐이라고 평가합니다. 경수로로 핵무기를 만든 나라는 지금껏 없었다면서도 핵 잠수함 개발이나 수소폭탄 재료인 삼중수소를 만들어내는 용도일 가능성은 있다고 말해요. 한

253

마디로 거기서 직접 핵연료인 플루토늄을 생산하지는 않을 거라는 말이에요. 그런데 저는 조금 이해가 안 갔습니다. 발전용이라면 왜 그렇게 작게 만들었을까요? 기왕 만들 거면 용량을 크게 하면 좋잖아요.

실험용 원자로로 플루토늄을 생산한 사례는 얼마든지 있습니다. 그전에 제가 2023년 여름에 국방부 관계자들에게 영변 핵 시설에 관해 설명한 적이 있습니다. 그러면서 그 안에 플루토늄 생산 시설을 만들고 있을지도 모른다고 말씀드렸는데, 그 후로 연락이 없더군요.

제가 웨스팅하우스에 있을 무렵 '국가생산로(natioanl production reacror, NTR)'라고 해서 플루토늄 생산로 안전성을 면밀히 들여다본 적이 있는데요. 이때 원자로가 북한 실험용 경수로보다 크긴해도 발전용 원자로보다는 작은데 그 안에서 플루토늄을 생산한다는 걸 알고 있죠. 그런데 현직 장관이 그 사실을 부정하니까 놀랄 수밖에 없었어요. 북한의 핵 위협을 과장할 필요는 없지만 그렇다고 폄하해서도 안 됩니다. "평화를 원하거든 전쟁에 대비하라(Si vis pacem, para bellum)"는 라틴 명언은 동서고금에 통용되는 교훈 아니던가요?

북한 핵 개발이 일찌감치 시작되기는 했지만 한동안 지지부진했어요. 그러다 1991년 구소련이 해체되면서 망명 과학자들이 북한에 오면서 비약적으로 발전해요. 핵 개발에는 돈이 많이 듭니다. 우라늄 농축, 플루토늄 처리가 필수 과정이고 고강도 알루미늄 제작이나 원심 분리기 만드는 데도 돈이 무척 많이 듭니다. 기술을 들여오는 것도 공짜는 아니죠. 북한에 핵 기술을 전한 것으로 알려진 파키스탄에도 대가를 지불했을 겁니다. 북한제 미사일 같은 현물로 맞바꾸었을 가능성이 있어요.

다만, 북한은 자본주의 국가가 아니라서 인건비가 안 듭니다. 대략 1만여 명의 기술자가 있을 거로 추정돼요. 그냥 봉사 수준이기 때문에 이 부분을 절감했을 거고요. 그 사이에 북한이 극심한 식량난을 겪지 않았습니까. 이런저런 여건을 따져보았을 때 1~2조 원의 비용이 들지 않았을까 싶어요. 핵시험을 하는 데도 돈이 듭니다. 회당 1000억 원쯤 돼요. 2023년 기준으로 총 6회 실험을 했으니 6000억 원입니다. 적어도 개발 비용이 총 2조 원은 넘지 않았을까 하고 추정해볼 수 있습니다.

자세한 정보가 없으니 신뢰도가 떨어지긴 합니다. 최강의 정보력을 자랑하는 미국도 알쏭달쏭해하는 나라가 북한이에요. 이렇게 돈이 많이 드는데도 핵에 매달리는 데는 이유가 있어요. 다들 아시겠지만, 체제 안정입니다. 전 세계 핵 개발의 역사를 보면 막강한 무력을 통해 체제를 강화하고 패권을 유지하려는 의도를 분명히 확인할 수 있어요.

핵은 한동안 미국과 소련 같은 냉전 시대 열강 중심으로 개발됐습니다. 미국이 최초로 핵 개발에 성공하고 무시무시한 위력을 전 세계에 과시했을 때 소련이 어떤 생각을 했을까요. '아, 우리도 핵을 개발해야겠구나. 안 그러면 미국에 밀리겠구나.' 소련의 체제 유지를 위해서 핵이 필요했던 겁니다.

결국 4년 후에 미국 독점이 깨집니다. 그다음에 또 영국이 핵무기 개발에 성공하죠. 소련 핵 개발에 자극을 받은 거예요. 당장 미국 코가 석 자일 텐데 런던을 지켜줄 수 있을까? 하는 의구심이 든 겁니다. 맨해튼 사업에 공동으로 참여한 나라가 미국, 영국, 캐나다입니다. 그런데 일단 개발에 성공하자 두 나라 다 배제했어요. 연합군이 개발했는데 자기만 쏙 가져간 거예요. 영국이 배신감 느낄 만했죠. 자기들을 지켜줄 거라는 확신이 없었습니다. 이후로 개발에 들어간 겁니다.

뒤이어 프랑스, 중국이 핵무기 개발에 성공합니다. 이들 다섯 나라를 'P5'라고 해요. 'permanent five'. 영구적인 핵보유국이라는 뜻입니다. 이들은 유엔 안전보장이사회 상임이사국이면서 핵비확산조약(NPT) 가입국이기도 해요. 결국 이들 나라 모두 체제 유지, 패권 강화를 위해 핵무기를 개발했던 거예요. 여기에 도전하는 나라들이 인도, 파키스탄, 이스라엘, 북한이죠. 이들 네 나라는 핵을 보유하고 있음에도 NPT에 가입하지 않고 있습니다.

북한의 핵무기 개발도 이러한 맥락 안에 있습니다. 그전부터 북한은 핵에 둘러싸여 있었어요. 중국, 러시아가 있었고 그 아래 남한에도 미국 전술핵이 배치되어 있었으니까요. 일본도 사실상 핵보유국이나 마찬가지입니다. 플루토늄을 잔뜩 갖고 있잖아요. 미국이 허락하면 언제든지 핵무기로 전환할 수 있습니다.

우리나라뿐 아니라 전 세계가 핵무기의 위협에 노출된 거예요. 애초에 전쟁을 끝내기 위해 개발했던 핵무기가 인류 공멸이라는 대위기를 만들어낸 것입니다. 맨해튼 사업을 주도했던 오펜하이머의 삶을 보면 이러한 모순이 그대로 녹아 있습니다. 그는 생전에 핵무기 개발에 헌신하고 인류 최초로 핵폭탄을 만들어냈지만 만년에는 더 이상 핵은 안 된다는 입장으로 돌아섰어요. 히로시마와 나가사키에 떨어진 핵폭탄의 위력에 경악한 아인슈타인도 반핵 운동에 나섭니다. '소련 수소폭탄의 아버지'로 불리는 핵물리학자 사하로프도 반핵 운동을 하면서 고초를 겪었죠. 그 공로로 1975년 노벨 평화상을 받게 됩니다.

제2차 세계대전이 끝난 후 사람들은 다시는 전쟁이 없을 거로 생각했습니다. 그렇게 처참한 광경을 목격해놓고 설마 또 서로를 죽이는 전쟁을 벌이리라고는 상상하지 못했어요. 그리고 핵무기가 어느 정도 제어 역할을 할 거로 기대했습니다. 하지만 전쟁의 역사는 결코 끝나지 않았어요. 여기저기서 크고 작은 전쟁이 계속되었습니다. 대표적으로 6·25 전쟁이 있었고 베트남 전쟁이 있었어요. 아프리카, 중동 지역은 지금도 전쟁 중입니다. 러시아-우크라이나 전쟁도 진행 중이고, 푸틴은 연일 핵무기를 만지작거리고 있지 않습니까? 사람들은 핵이 전쟁을 막지 못한다는 사실을 알게 됩니다. 오히려 핵무기의 확산을 걱정해야 할 지경에 이르렀어요. 그전에는 베트남 전쟁 때처럼 반전 운동을 하던 사람들이 이번에는 반핵 운동까지 해야 하게 된 거예요.

핵이 저물어간다

제가 예전에 일했던 웨스팅하우스는 한때 잘나가는 원자력 회사였습니다. 그러다 모기업인 도시바가 파산하면서 위기를 맞기도 했지만, 거의 전 세계 원전의 절반을 지었습니다. 제너럴일렉트릭(GE)도 원전 사업을 합니다. 원래 두 회사 모두 가전제품 회사였어요. 그러다 원자력까지 손을 댄 거죠. 프랑스의 프라마톰도 오래된 회사입니다. 우리나라 한울 1, 2호기를 여기서 만들었는데요. 이 회사도 복잡해요. 아레바라는 기업의 핵발전 부분 자회사였다가 모회사가 파산 위기에 처하자 프랑스전력공사(EdF)가 인수합니다.

자동차로 유명한 영국의 롤스로이스사와 독일 지멘스 그룹의 카베우(KraftWerk Union, KWU)사도 원전 사업을 합니다. 일본에는 히타치, 미쓰비시, 도시바가 대형 원전 회사였는데, 말씀드렸다시피 도시바는 파산했죠. 나머지 기업도 상황이 안 좋기는 합니다. 우리나라는 두산에너빌리티가 원전 사업을 합니다. 이 밖에 중국의 핵능공사, 러시아의 로사톰이라고 하는 국영회사 등을 대표적인 원전 회사로 꼽을 수 있겠습니다. 전 세계 핵 기술자들이 이들 회사 등에서 일하고 있는데 핵발전소 산업이 하향세라 종사자도 줄고 있다고 해요.

우리나라에 1만 명 정도의 기술자가 있고요. 미국은 그동안 핵발전소를 안 짓다가 이제 막 새로 짓는다고 하는데 약 5000명 정도 있다고 보시면 돼요. 프랑스가 2만 명, 영국이 5000명쯤 있습니다. 탈핵 정책을 펴고 있는 독일이 1000명 수준으로 줄어들 거라고 보고요. 정확한 통계 자료는 없지만 중국이 5만 명쯤, 러시아가 2만 명 정도 된다고 합니다. 이들이 모두 핵발전에 종사하는지 알 수는 없어요. 핵무기 개발 부문은 국가 극비 사항이니까요. 고급 기술 인력은 여러 영역에서 활용이 가능합니다. 그러니까 이쪽 일도 했다가 저쪽 일도 할 수 있어요. 그래서 미국 같으면 예전에 핵무기 개발했던 사람들이 소형 전술 무기도 개발하고 합니다.

세계 원자력 산업 동향을 보면 과거에 비해 하향세가 분명합니다. 여기에는 이유가 있어요. 경제적으로 경쟁력이 떨어질뿐더러 오늘날 변화하는 문화랄까, 철학적 지형과도 맞지 않아요. 물리학적 관점으로 보더라도, 이제는 핵이 아니라 쿼크의 시대입니다. 인류가 핵을 발견하고 양성자와 중성자를 알게 되면서 이들이 만들어내는 엄청난 에너지를 사용했잖아요.

오늘날의 과학은 양성자와 중성자가 더 작은 물질인 쿼크로 쪼개진다는 것을 알게 되었습니다. 여기서 어떤 에너지가 나올지 우리 인류가 어떤 식으로 이 에너지를 사용하게 될지는 아직 미지수입니다. 다만, 무한한 잠재력을 갖고 있다는 것만큼은 분명해 보여요.

핵 발전이 이산화탄소를 발생시키지 않는다고 해서 친환경 에너지로 말하는 사람들도 있습니다만, 그렇다고 해서 생태계에 유익한 게 결코 아니에요. 핵은 생태계를 변화시킵니다. 원시 지구 생태계에서 번개로 무기물이 유기물로 변했듯이 새로운 진화의 계기 즉, 돌연변이를 일으켜요. 방사선도 전기 자극입니다. 그런데 그동안은 자연 상태의 핵만 영향을 미쳤습니다. 생태 변화가 굉장히 오랜 시간 동안 서서히 변화가 이루어졌어요. 수만 년, 수백만 년, 길게는 몇억 년 단위로 일어났습니다. 지극히 자연스러운 현상이었어요.

지금 문제가 되고 있는 온실기체도 그렇습니다. 과거에도 대기 중 이산화탄소 비중이 급격히 늘었던 적이 있었고 지금보다 지구 온도가 더 높았던 적도 있어요. 다만 그때는 오랜 시간을 두고 천천히 변화가 이루어졌습니다. 오늘날 기후 위기 등은 인간에 의해 급격히 발생했다는 점이 문제예요. 생태계가 미처 적응할 시간이 없는 겁니다.

지구가 꽁꽁 얼어붙었을 때, 정말 뜨거웠을 때도 생명은 살아남았어요. 몇 차례 대멸종을 겪었지만 새롭게 적응한 생명체들이 다시 지구에 번성했습니다. 이 모든 게 '자연'이고, 또한 '자연'

스러웠어요. 그런데 인류가 내연기관을 발명하고 핵을 발견하면서부터는 그 속도가 엄청나게 빨라집니다. 이산화탄소도 급증했지만, 방사성 물질 유출도 많았어요.

체르노빌, 후쿠시마 같은 대형 핵발전소 사고만 있었던 게 아닙니다. 각종 핵시험 등으로 알게 모르게 지구 생태계가 핵 위협에 노출됩니다. 이들 물질은 반감기가 엄청나게 길어요. 그래서 우리가 오늘 숨 쉬는 대기에는 체르노빌의 세슘과 후쿠시마의 플루토늄이 섞여 있습니다. 미국 네바다 사막에서 있었던 핵시험으로 플루토늄 재가 국토 전역에 흩어졌다는 사실도 아셔야 해요. 은폐되었고 차단되었기 때문에 널리 알려지지 않았을 뿐이에요. 핵시험을 했는데 방사성 물질이 유출되지 않을 수는 없어요.

하지만 언론에서는 이런 사실들을 알리지 않습니다. 사고 때 잠깐 떠들다가 말아요. 압력이 들어오면 조용히 입을 다뭅니다. 그래서 늘 느끼는 점입니다만, 홀로 핵의 위험성을 주장하고 경각심을 일깨우는 일이 쉽지 않아요. 좌절감과 함께 자괴감도 찾아옵니다. 어떨 땐 불의의 세력, 불온한 집단과 싸워야 합니다, 홀로 말이죠. 하지만 희망을 갖고 있어요. 지금 당장은 아니어도 진실은 언젠가는 알려지기 마련이죠. 그게 바로 기록의 힘입니다. 그래서 힘들지만 붓을 들었습니다.

역사는 사라지지 않습니다. 제가 후쿠시마 핵발전소의 핵폐수 방류 계획에 대해 비판을 많이 하지 않았습니까. 핵폐수 방류를 합리화해준 국제원자력기구가 왜 엉터리인지 비판했어요. 근거도 제시했습니다. 이런 기록들이 남는 거예요. 세계 종교단체 수장들한테도 신실한 편지를 몇 번 보냈어요. 바티칸과 소피아 어디엔가 나뒹굴고 있을지도 모르지만 저는 단 한 번뿐인 삶을 살며 한 점 부끄럼이 없길 바랄 뿐입니다.

핵은 사양길에 접어들었습니다. 무기를 만들어 인류를 대량 살상하고 전기를 얻어 풍요를 추구하던 시대가 가고 있어요. 저도 공학자입니다만, 이 모든 것이 핵의 도구화에서 비롯했다고 봅니다. 이용하되 목적과 맥락을 생각하지 않았던 거예요. 제가 '핵 인문학'을 강조하는 이유입니다. 이제는 핵을 인문학적 시선으로 바라보아야 해요. 그래야 길이 열립니다.

저는 말씀드립니다. 더는 핵을 '문명'을 위해 쓰지 말자고. 대신 '문화'를 위해 쓰자고. 인간과 문화를 위해 쓰자, 핵의 폭발력을 이용하지 말자고 말합니다. 대신 쿼크, 즉 양성자와 중성자를 묶어주는 소립자 글루온처럼 서로를 연결해주는 힘을 문화를 위해 쓰자고 말합니다.

인간이 발견 혹은 발명한 것들은 항상 부작용을 일으킵니다. 내연기관도 그랬고 핵분열도 그랬죠. 깨끗하다는 핵융합도 그러할 것입니다. 엄청난 중성자가 막대한 에너지를 가지고 튀어나옵니다. 그리고 이를 가능하게 하기 위해선 초전도체, 초진공 또는 레이저를 만드는 데 막강한 전력을 투자해야 할 것입니다. 우리는 지난 세기를 살아온 경험, 역사를 통해 이를 확인할 수 있어요. 오늘날에도 눈부신 과학의 발전이 이루어지고 있습니다. 4차 산업혁명을 이야기하고 그 중심에 로봇이나 인공지능 같은 첨단 기술이 자리하고 있어요. 양자가 지배하는 세상이 다가오는 듯합니다.

이러한 기술이 우리 삶을 어떻게 바꾸어놓을지는 알 수 없습니다. 다만 '도구화'에 그쳐서는 안 된다는 것만큼은 분명해요. 전문가들은 벌써 통제되지 않는 인공지능을 걱정해요. 우리가 이미 '통제되지 않는 핵'의 결과를 경험하지 않았습니까. 미국은 얼마 전만 해도 또 신형 핵무기 개발을 위한 '미임계 시험'을 감행했죠. 핵 물질만 안 들어갔지 엄연한 핵시험입니다. 러시아, 중국, 북한 보라는 듯 말이에요. 이래 가지고 어디 '핵 없는 세상'이 과연 오기나 할까요?

인간에게는 호기심이 있습니다. 과학의 원천이죠. 한편 인간에게는 함께 살아가려는 본능이 있어요. 기술이 탐욕과 결합하면 어떻게 되는지 우리는 알고 있습니다. 그리고 안전하고 평화롭게 살아가고 싶어 하는 사람들이 있어요. 저는 여기에 희망이 있다고 생각합니다. 인문학은 우리를 돌아보고 선한 생각들을 더 널리 퍼지게 할 수 있어요.

6

인문핵을 위하여

『프랑켄슈타인』이라는 유명한 소설이 있습니다. 매리 셸리라는 영국의 소설가가 쓴 19세기 작품이에요. 많은 분이 아시겠지만, 그 내용이 프랑켄슈타인이라는 과학자가 만들어낸 흉측한 인조 인간에 관한 이야기입니다. 흔히 과학의 윤리를 말할 때 많이 인용되지요.

인문학이 없는 과학은 언제든 그런 괴물을 만들어낼 가능성이 있습니다. 과학과 기술을 배우는 학생들에게 인문 교육이 절실합니다. 우리나라 교육은 입시에 초점이 맞춰져 있다 보니 학생들이 인문학적 사고를 갖출 여력이 없어요. 그런 사람들이 핵을 다루고 인공지능을 다룬다면 미래가 어떻게 될까요. 탈탄소, 탈원자가 운동 차원에서 중요하지만 교육 과정 개혁을 반드시 병행해야 한다고 생각합니다. '탈입시' 없는 미래 세대에게는 미래가 없어요. 하루라도 빨리 '어른이'들이 어린이들을 올가미에서 풀어주어 맑은 바람과 밝은 햇빛을 우러르고, 높은 하늘과 넓은 바다를 아우르는 참교육이 절실한 세상입니다.

21세기는 인류사적으로 볼 때 매우 중요한 시기예요. 문명의 일대 전환기입니다. 그런데 그 방향을 올바르게 바꾸려면 함께 노력해야 해요. 몇몇 사람의 힘으로는 안 됩니다. 그래서 교육이 중요한 거고요. 저도 교육계에 몸담았지만, 쉽지는 않았습니다. 학생들에게 이런 이야기를 해봐야 수용이 잘 안 돼요. 이해가 안 가는 것은 아닙니다. 당장 취업 걱정을 해야 하고 신경 써야 할 일이 한두 개가 아니잖아요.

그래도 전인 교육만이 희망이라고 말할 수밖에 없어요. 기성세대는 사고방식을 바꾸기가 여간 힘든 게 아닙니다. 하지만 어린 학생들은 가능성이 있어요. 당장 바꾸지는 못하겠지만, 잘하고 있는 외국의 사례를 참고해서 우리도 충분히 개혁할 수 있다고 봐요. 인문학적인 접근이 빠진 지금의 입시 제도를 바꾸고 대학에 새로운 핵, 인문핵이 정착되게끔 하는 게 제 바람입니다.

제 어릴 때 꿈은 공학자였습니다. 학교에서 장래 희망을 쓰라고 하면 빈칸에 '과학자'가 아니라 '엔지니어'라고 썼어요. 부친께서 영어 선생님이었기에 언어에 일찍 눈을 떴다고 할까요. 그래서 그때부터 영어 표현을 잘했던 거 같아요. 학교 선생님들이 독문학, 불문학을 권유하고 법대, 의대를 추천했지만 저는 오로지 엔지니어가 될 꿈에 부풀어 있었습니다. 그러다 핵에 마음을 빼앗겼죠. 화학 시간에 실험을 하다가도 '이건 왜 화염이 빨갛지. 왜 주황색이지?' 하며 호기심을 느꼈고 이런 것들이 원자의 세계를 이해하면 다 해결될 거 같았어요. 나중에 핵공학을 공부하고 삼라만상 모두 핵으로 이루어졌다는 걸 알게 되면서는 세상을 보는 눈이 달라졌습니다. 그런 과정들이 지금의 저를 있게 한 것 같습니다.

요즘은 제가 그동안 배웠던 것들, 알게 된 것들을 나눌 방법을 찾고 있습니다. 그러려면 모두가 그렇다고 할 때 아니라고 말할 수 있는 용기가 필요하더군요. 거짓을 나눌 수는 없는 일이니까요. 조금 다른 이야기이긴 합니다만, 저의 이런 반골 기질에는 학창 시절 경험도 영향을 미친 것 같아요. 당시 반독재 민주화 운동이 있었잖아요. 기성세대들이 두려워 숨죽이고 있을 때 제 또래들이 들고일어나는 모습을 보면서 적잖이 감동을 받았습니다. 당시 학생들은 횃불처럼 바른길을 가겠다, 그것만이 내 생명이다, 하고 외쳤습니다. 저도 바르고 깨끗하고 옳은 것을 지키고 싶었어요.

의무감이랄까요, 학문을 하는 사람으로서 진리, 진실을 빼면 무엇이 남겠습니까. 하지만 그때는 타협하지 않는 삶이 외로움을 친구로 삼아야 한다는 사실까지는 몰랐습니다. 나중에 알게 되었죠. 시간이 흐르면서 익숙해졌습니다. 후회는 없습니다.

사람은 언젠가는 죽어서 자연으로 돌아갑니다. 그것만큼 자명한 사실이 없어요. 생명이 빠져나간 우리 몸은 핵으로 잘게 나뉘어 세상의 품으로 돌아갑니다. 야자수가 될 수 있고 사다새가 될 수도 있겠죠. 어쩌면 다시 인간이 되어 백인이나 흑인이나 또다시 한인의 몸의 일부가 되겠지요. 하지만 그때의 핵은 과거의 나와는 상관없는 존재입니다. 이제 더는 나라는 건 없는 거지요.

불교에서는 '전생'을 말하죠. 내가 사물이고 사물이 내가 되는 세상 모든 것이 돌고 돌아요. 이번 생은 사람이었다가 다음 생은 나무가 됩니다. 이런 개념과 흡사합니다만, 핵에는 전생이 없습니다. 다만 계속 돌고 돌 뿐이에요. 슬픈 일은 아닙니다. 거대한 순환의 일부로 존재한다는 것도 나쁘지는 않아요. 다만 열역학 법칙에 따라 엔트로피가 커지는 쪽으로, 다시 말해 조화에서 혼돈으로, 시간이 흘러가는 쪽으로만 그렇게 하염없이 가겠지요.

"죽음은 새로운 것이 헌것을 대체하게 해준다." 췌장암을 앓던 스티브 잡스가 스탠퍼드 대학교 졸업식에서 한 말입니다. 죽음이 끝이 아니라는 걸 알고 있었던 거예요. 그도 청년기에 불교에 심취한 인물이었습니다.

모든 것에는 끝이 있어요. 사람만 그런 것은 아닙니다. 태양계의 중심인 태양도 지금은 이렇게 우리 머리 위에 따뜻한 햇살을 비추고 있지만, 벌써 나이가 46억 살입니다. 20~30억 년이 지나면 노화가 시작되고 80억 년 후에는 최고 온도에 도달합니다. 이후 핵융합을 일으켰던 수소가 바닥나면서 점점 부풀어 오르다가 110억 년쯤 되면 폭발과 함께 먼지가 되어 사라진다고 하죠. 태양을 비롯해 우주의 모든 별도 그와 같은 운명을 겪어요. 물론 아주 먼 미래의 일입니다. 우리 인류가 그때까지 생존해서 그 장면을 지켜볼 수 있을지도 의문이에요. 다만 우주에는 늘 끝과 시작이 반복되고 있으며 우리도 그 안에 있다는 점을 상기시켜 드리고자 함입니다.

핵의 시대가 저물고 있습니다. 양자의 시대가 오고 인공지능의 시대가 오고 있어요. 새로운 기술은 계속해서 우리에게 선택을 강요할 겁니다. 잠깐의 풍요를 대가로 파멸을 맞을지, 욕심을 내려놓고 좀 더 인간적인 세상으로 우리를 데려가게 할지는 전적으로 우리 몫이에요.

과학이 우리 삶을 삭막하게 만들 게 두어서는 안 됩니다. 저는 많은 것을 경험한 세대입니다. 당장 끼니 걱정을 해야 했던 어린 시절을 지나서 스마트폰과 인공지능이 있는 지금의 풍요를 누리고 있습니다. 편리하지만 어쩐지 삭막하다는 느낌을 지울 수 없어요.

과거 세대인 만큼 아직도 선술집 또는 재래시장에서 해장국을 먹었던 그런 기억이 따뜻하게 남아 있어요. 그런 분위기가 점차 사라지는 게 서글프기는 하더군요. 물론 이젠 돌이킬 수 없는 과거의 일이라는 것도 잘 알고 있습니다. 다만, 예술과 문학까지 메말라가는 것만큼은 어떻게든 말리고 싶어요. 인문학이 몰락하면서 사람들이 감정을 잃어갑니다. 인간에게는 타인을 배려하고 연민하는 마음이 있잖아요. 어쩌면 과학이 자꾸만 이런 인간 본성

269

을 훼손하는 방향으로 나아가는 건 아닌가 걱정이 돼요. 80년 전 마법의 항아리에서 빠져나온 원자핵을 인문핵의 이름으로 다스려야 할 때입니다.

우리에겐 과학의 발전도 있었지만 눈 시리게 아름다운 예술의 시대가 있었습니다. 태양에서 지구까지 8분 걸려 창가에 닿은 햇살의 침묵을 경외하면서 불새처럼 인문핵이 우리 삶의 온기를 되살릴 계기가 되었으면 합니다.

하늘

가을이 하늘 되던 날

나는 시나브로 불새가 되었다

다시 태어나 한울 들이쉬고

라한의 달이 어슴푸레

마을을 비추다 가물대는데

바람 부는 온새미로 곳

사다새 함께 시나래 접는다

아흐레 되던 밤

자작나무 아래

차가운 풀숲

카구새 두 마리

타시락거리다 수피아 만나

파닥파닥 날개 치는 그린내처럼

하루해 보내고 미리내 품는다